A Luz do Coração

O poder da cura

A Luz do Coração

O poder da cura

Jeanne Marie White

Brasília, 2021

Textos: Jeanne Marie White
Revisão: Sandra Romão e Usha Velasco
Fotografias: Jeanne Marie White e Pixabay
Diagramação: Usha Velasco

Ma249 White, Jeanne Marie
A luz do coração : o poder da cura / Jeanne Marie White. -- 1. ed. -- Brasília, DF : Ed. do Autor, 2021.

ISBN 978-65-88797-47-1

1. Equilíbrio Pessoal 2. Meditação . I. Título

CDU-158.1: 158.128

Escrevo. Assim minha alma fala comigo.
Às vezes os meus dedos escrevem em grande velocidade, tentando acompanhar os ditames sussurrados pela minha alma – processando os impulsos do meu coração.

Sumário

Introdução

O ano de 2020 nos presenteou com a oportunidade de rever nossas prioridades, nossos conceitos arraigados e o nosso relacionamento com a vida, num sentido mais abrangente. Estamos, como "civilização", vivenciando o final de um ciclo baseado numa consciência humana que já não nos serve mais, e nem ao planeta. A expectativa de um novo ciclo desponta no horizonte.

A Luz do Coração é o primeiro volume de um trabalho que visa contribuir para essa tão necessária mudança de paradigma, e principalmente para o despertar de uma humanidade mais consciente.

Este primeiro volume traz uma abordagem ligada aos indivíduos: como funciona o coração; o que podemos fazer para expandir a sua luz; e como conectá-lo com uma mente plena, iluminada e positiva. Para que o processo de expansão do coração e da mente aconteça é necessário primeiramente conhecer e reciclarmos os padrões limitantes que impedem nosso crescimento. Só assim nos libertaremos dos sofrimentos e aprisionamentos causados pelas crenças e emoções: medos, ansiedade, inseguranças, carências, ilusões, traumas e os aspectos manipuladores dos desejos do ego.

Este volume oferece várias técnicas e práticas para a reprogramação do consciente e do subconsciente, um processo pode conduzir à cura e à liberdade, para que possamos escutar a sabedoria inata que está disponível desde o nosso nascimento.

Tudo isso faz parte de um processo do autoconhecimento que revela um poder pessoal independente das circunstâncias externas, e isso nos traz serenidade em qualquer situação.

O segundo volume possui uma abordagem mais social e planetária. Ele analisa a situação do mundo atual e propõe um novo modelo de educação, como solução para os problemas que enfrentamos.

A nova educação deve incentivar o processo de autoconhecimento desde a infância, possibilitando ao ser humano conhecer desde cedo suas reais necessidades, prioridades e potencialidades, e, consequentemente, simplificar seu estilo de vida. Esse processo facilitará uma nova organização dos sistemas político, produtivo, social e ambiental da sociedade.

O momento atual que vivemos no planeta é uma oportunidade para que cada um desenvolva o autoconhecimento, para então, como sociedade, caminharmos em direção ao processo regenerativo da civilização e do planeta, com um modelo mais sustentável e respeitoso.

"O motivo certo para a busca do autoconhecimento é aquele que pertence ao conhecimento e não ao eu. O autoconhecimento merece ser procurado em virtude de ser conhecimento e não em virtude de pertencer ao eu. O principal requisito para adquirir o autoconhecimento é um amor puro. Buscai o conhecimento por puro amor, e o autoconhecimento finalmente coroará o esforço."

Helena Blavatsky

"Quanto mais conhecemos a nós mesmos, menos sentimos medo. Quanto mais conhecemos nosso poder pessoal, menos nos sentimos ameaçados. Se o mundo e a realidade nos apresenta mudanças, e se conhecemos a nós mesmos, não sentimos medo."

Gregg Braden

"Sua visão se tornará clara somente quando você olhar para dentro do seu coração. Quem olha para fora sonha. Quem olha pra dentro desperta".

Carl Gustav Jung

"Meditação, abstinência em tudo, observação dos deveres morais, pensamentos agradáveis, boas ações e palavras amáveis, como também a boa vontade com todos e o total esquecimento do Eu, são os meios mais eficazes de obter conhecimento e preparar-se para a recepção da sabedoria superior."

Helena Blavatsky

"A oração é uma ação enobrecedora quando é um intenso sentimento, um ardente desejo emitido de nosso próprio coração para o bem de outros, e quando inteiramente isento de qualquer objetivo egoísta, pessoal."

Helena Blavatsky

Intenção

Minha intenção com este trabalho, que consta de dois volumes, é contribuir para a cura e o despertar de uma humanidade mais consciente, amorosa, respeitosa e pacífica. Para que mais e mais seres humanos enxerguem a luz que reside no seu coração, e escutem a sabedoria inata que está disponível para cada um de nós desde o nosso nascimento. Então, aprendam a expandi-la e, consequentemente, desenvolvam uma mente plena, libertando-se dos sofrimentos e aprisionamentos causados pelas emoções descontroladas, medos, carências, ilusões, traumas e os aspectos manipuladores dos desejos.

Outro objetivo, que é o foco do volume 2, é contribuir para um movimento de simplificação do estilo de vida da nossa sociedade, por meio de mudanças de hábitos alimentares, necessidades, prioridades e crenças. Isso só será possível com o desenvolvimento de um novo modelo de educação, holística e consciente – uma educação que escute a sabedoria que está guardada no coração, que possibilite ao ser humano conhecer suas necessidades essenciais e suas potencialidades.

Para que esse processo comece a ocorrer, é necessário que se inicie um processo dentro de cada um de nós, pessoas interessadas nas mudanças que idealizamos para a nossa sociedade. Sem esse trabalho de reeducação pessoal não é possível haver mudanças no mundo. Somos veículos para a criação de uma nova geração de cidadãos altruístas, amorosos, compreensivos, respeitosos, responsáveis pelo seu papel na cidadania planetária: os novos habitantes do planeta.

Cada um de nós tem uma missão na vida. Creio que a minha é contribuir para a cura através da expansão da luz do coração e por meio de uma nova educação: Surya Vidya – aprendendo com o coração.

Este é o volume 1; no próximo volume abordaremos mais profundamente como podemos caminhar para um sistema educacional mais humano, transpessoal e consciente, e conheceremos projetos educacionais que já trabalham dedicadamente para a expansão da luz do coração e a conexão com a alma, para um mundo mais equilibrado.

Para que possamos realmente fazer a tão sonhada mudança como indivíduos e como humanidade, é imprescindível desenvolver as qualidades inatas do coração.

Para alcançar esse objetivo, vamos primeiramente conhecer o universo do coração: como funcionamos como seres de luz conectados com um universo abundante e como recebemos as energias que estão disponíveis para todos nós, e que na maioria das vezes não percebemos, devido aos problemas causados por um coração bloqueado e por uma mente medrosa, nos níveis individual e coletivo. Finalmente abordaremos o que é necessário fazer, individual e coletivamente, para que um novo ser, uma nova humanidade e um novo modelo de civilização possam surgir neste planeta.

Precisamos reduzir o lixo que criamos e carregamos física e psicologicamente. É preciso ocupar a mente com o essencial, enxergar a luz e a beleza que a vida nos presenteia a cada dia. É preciso escutar a poesia que vem do coração, e agradecer.

Um ser humano é uma parte integral da humanidade, um organismo dentro de um organismo maior. As condições existentes no todo se refletirão na própria unidade, e muitas das enfermidades sofridas pelo ser humano hoje são o efeito sobre ele de condições existentes no reino da natureza como um todo.

(Do livro *Cura Exotérica*, Tomo I, Alice Bailey, Ed. Fundação Avatar)

E vice-versa: a unidade que somos nós, eu e você, contribui para a cura do todo através da cura individual.

Abertura

Em 1988, eu morava sozinha com meu filho de nove anos em nossa propriedade na Serra dos Pireneus, sem eletricidade, sem telefone: tínhamos uma horta, uma cachoeira, uma pequena casa, girassóis nos jardins e muitos passarinhos amigos voando e cantando livres. Minha rotina consistia em yoga, meditação, contemplação, leituras, estudos, cuidar das plantas, cozinhar no fogão a lenha, tocar violão e agradecer por tudo.

Numa manhã, durante uma meditação, eu buscava uma resposta para o que fazer com os conhecimentos e a sabedoria que estava adquirindo por meio dos estudos, das práticas de meditação e da observação silenciosa da vida. Recebi uma impressão – uma inspiração:

Construa aqui, neste lugar, um centro de luz para a educação holística, visando a expansão e a cura das mentes e dos corações daqueles que desejam desenvolver o respeito por si, pelos outros seres e pela natureza, com amor e sabedoria.

Dias depois, quando meditava, pedi inspiração para dar um nome a esse centro de luz. Abri aleatoriamente o livro de Agni Yoga *Coração*, na página 201, onde o mestre Morya falava sobre Surya Vidya – o ensinamento do coração, ou o conhecimento adquirido através do coração:

"Antes de tudo, é necessário compreender a posição central do coração e investigar partindo dele, mas não em direção a ele. O plexo solar é um vestíbulo do Templo do Coração. O próprio Kundalini é o laboratório para o coração. O cérebro e todos os demais centros são províncias do coração, porque nada pode existir sem ele... Não se pode pensar na união da humanidade por meio do cérebro ou de Kundalini, mas a resplandecência do coração pode unir os organismos aparentemente mais heterogêneos e até a grandes distâncias. Esta experiência, da aproximação dos corações à distância, espera seus trabalhadores. O desejo de instituir experiências de duração prolongada é perfeitamente correto, pois por meio delas é possível criar mais um veículo entre as gerações."

Essa mensagem foi absorvida por todas as células e átomos do meu ser. Senti uma ressonância na alma e aceitei esse desafio. Quando aceitamos uma tarefa com o coração aberto, como uma missão de vida, confiantes e sem resistências, o universo nos apresenta situações para que tenhamos condições de alcançar os nossos objetivos. Desse dia em diante, os ventos me levaram a várias partes do mundo, com o objetivo de me preparar para a construção desse centro.

Morei vinte anos na Califórnia, trabalhando por dez anos na equipe do Meditation Mount, em Ojai, um centro de meditação como serviço para o despertar da humanidade.

Em 2003, quando ainda morava na Califórnia, iniciei a construção do Centro Surya Vidya na Serra dos Pireneus, Pirenópolis, Goiás, após o falecimento do meu querido pai, que deixou uma pequena herança. Em 2006 me separei de meu marido americano, despedi-me da minha atividade de professora de design da Universidade da California e voltei para o Brasil. Vim desenvolver esse trabalho, que passou a se chamar Projeto Caraívas – Surya Vidya, sendo Caraívas o nome do aspecto material e humano, e Surya Vidya o nome da alma do projeto, a sua essência.

Foi um trabalho árduo. Tive que abrir mão de muitos elementos da minha individualidade. Caminhei por vários desfiladeiros, muitas vezes sem água nem sombra para o descanso, erguendo, no mundo físico, um lugar para acolher os buscadores da luz do coração. Assim se passaram os últimos anos da minha jornada.

Era preciso endurecer "pero sin perder la ternura" que vive no coração. Era preciso aprender a construir com afinco um sistema que lida com burocracias, bancos, contadores, leis fiscais e trabalhistas, impostos, público, vendas, jogo de cintura. A administração de tudo isso, para um ser criativo, geminiano e poeta, é com certeza um grande aprendizado e um desafio – às vezes, um desafio desesperador.

Mas tenho aprendido muito. Tive que agarrar o touro pelos chifres, não para maltratá-lo como fazem os toureiros, mas para olhar calmamente dentro dos seus olhos e enxergar uma realidade da qual sempre havia escapado. Vivemos numa realidade de toureiros que abusam de um poder que não lhes pertence, sem consciência de sua relação com o touro. Por isso é necessário endurecer e resistir, mas sem perder a ternura e a alegria, sem nos distanciar da luz do coração, com resiliência.

Às vezes, quando assumimos uma missão, somos capazes de tanta dedicação que nos identificamos totalmente com as nossas metas e meios, esquecendo-nos do propósito principal – os fins – e nos diluímos como parte do meio; esquecendo-nos também da nossa própria luz interior, que precisa ser nutrida. Mas hoje me sinto feliz por ter alcançado meu propósito: um projeto que visualizei em 1988, durante um retiro de quatro anos na Serra dos Pireneus, quando vivi uma vida introspectiva e quase monástica. O Projeto Caraívas – Surya Vida se tornou uma realidade e recebe pessoas de todo o mundo.

Depois de vinte anos de dedicação e trabalho, consegui legalizar esta área de trinta hectares como uma Reserva Particular do Patrimônio Natural (RPPN). Estou muito feliz por isso. Deixo para a humanidade do futuro um pequeno paraíso de cerrado preservado, que, junto com outras propriedades vizinhas, forma um mosaico de RPPNs na Serra dos Pireneus – um divisor continental de águas no território brasileiro. Formamos, assim, um corredor ecológico para as espécies nativas da região, em proteção à flora e fauna do cerrado.

Caraívas

Aqui o vento varre as árvores que cresceram exuberantes desde 1983. Uma linda floresta do cerrado recuperado: cerradão, matas ciliares, matas de galeria e plantinhas menores do cerrado de sentido restrito. A água do Córrego Barriguda corre feliz pela Serra dos Pireneus. Os passarinhos se multiplicaram em cores e cantos. Os macacos tomaram conta das matas e correm de galho em galho pelos novos corredores ecológicos, arrancando as telhas das casas (até posam para as fotografias dos visitantes). Nas flores, delicadas e de todas as cores, pousam borboletas e beija-flores. E as grandes borboletas Morphos, sempre exibindo seus bailados majestosos azuis cintilantes, convidam a mais uma visita à Cachoeira Dhyana, o santuário natural que nos leva diretamente à luz do coração.

Há alguns anos, durante minha meditação matinal, recebi outra inspiração, desta vez para escrever uma continuidade dos livros *Dhyana: a arte do silêncio*, que publiquei em 2000, e *Vivências em meditação*, em 2002. Este livro, baseado no projeto do Instituto Caraívas – Surya Vidya, é fruto daquela inspiração.

Então, convido você a mergulhar comigo nesse universo de possibilidades, simplicidade e abundância de uma realidade que muitas vezes nos passa despercebida, se não escutarmos os sussurros do nosso próprio coração, e desatentos para irradiar nossa luz interior.

Primeiras observações

De acordo com alguns ensinamentos esotéricos, a crise que estamos vivendo hoje é necessária para que possamos nos preparar para o surgimento de uma nova humanidade, mais amorosa, mais consciente e mais sábia. Acredito nessa ideia e a ela tenho dedicado a minha vida: a cura profunda da nossa alma, buscando ser mais um canal para a luz que conduzirá a um salto quântico em nossa evolução coletiva.

Mas, para que o salto aconteça, é necessário que o ser humano aprenda a transcender o medo do sofrimento, através da expansão do coração e do desenvolvimento de uma mente mais plena.

Somos parte de um processo evolucionário universal. A energia da Terra não se move independente do resto do universo, e nós não estamos desconectados do campo energético da Terra. Tendemos a olhar nossa vida e a vida na Terra como algo separado – entre si e do universo.

Mas, para viver em conexão com esse campo magnético universal, é necessário fazer uma faxina generalizada em nossos corpos físico, emocional e mental.

Se aquilo que consideramos ser a nossa zona de conforto ruir, só restará caminhar em direção à transformação e à libertação. Por isso, períodos de dificuldades na vida, como doenças, perda de entes queridos, de emprego ou separações, por exemplo, são oportunidades de rever nossas crenças limitantes, reciclar nossa vida, descobrir quem somos em essência e qual é realmente o nosso papel na malha da vida. Perguntas como "quem sou eu, por que estou neste planeta, como encontrar harmonia em minha vida, como contribuir melhor para a sociedade" surgem como uma busca dos verdadeiros anseios da alma.

Começa hoje a despertar um reconhecimento de que nas atitudes ocultas e subjetivas da mente e da natureza emocional, e na vida da expressão sexual inibida ou excessiva, é que devem ser encontradas as causas de todas doenças.

(*Cura Exotérica*, Tomo I, Alice Bailey, Ed. Fundação Avatar)

Nas últimas décadas tem aumentado muito o número de pessoas empenhadas no autoconhecimento, na limpeza de padrões inconscientes e na purificação física. Vamos analisar mais profundamente esses padrões e entender como reciclá-los.

Toda forma de enfermidade é causada pela falta de harmonia – uma desarmonia existente entre o aspecto formal o aspecto vida. A doença aparece onde há falta de alinhamento entre vários fatores, a alma e a forma, a vida e a expressão, as realidades subjetivas e objetiva. Consequentemente, espírito e matéria não se relacionam livremente.

(*Cura Exotérica*, Tomo I, Alice Bailey, Ed. Fundação Avatar)

É preciso iluminar as formas-pensamentos e crenças que carregamos pela vida acreditando serem verdades absolutas, mas que não passam de ilusões que criam uma falsa realidade. Em outras palavras, padrões emocionais e mentais limitantes são bagagens desnecessárias.

Precisamos estimular um movimento de utopismo coletivo, para que as pessoas do mundo todo se libertem dos padrões limitantes e possam viver neste planeta com sabedoria.

O egoísmo é um padrão resultante do medo que surge em várias situações, levando o ser a temer pela sua própria sobrevivência. Uma pessoa egoísta é fundamentalmente uma pessoa medrosa, que ignora a Lei da Abundância.

A Lei da Abundância aponta para a sabedoria de que o universo é abundante; tudo o que precisamos está à nossa disposição, desde que nos sintamos conectados, com corações e mentes abertos e receptivos ao campo das possibilidades infinitas. A abundância se manifesta na união, na conexão. O julgamento, a reclamação e a crítica não construtiva separam a realidade em partes e reforçam os padrões.

Quando a Lei da Abundância é compreendida, a partir de um coração aberto e de uma mente clara, o medo dá lugar à confiança, à entrega, à gratidão e à sabedoria, que levam o ser a compartilhar a sua vida com todo o universo.

No momento em que essa compreensão acontecer para a maioria dos seres humanos, o medo da morte e do sofrimento deixarão de ser um motivador para os relacionamentos, e terá início um tempo de liberdade e de verdadeira saúde.

É necessário trabalharmos juntos, em grupo, para elevar a vibração de todos através da abertura do chakra cardíaco – o coração energético – para atingirmos coletivamente uma vibração mais alta. Esta é a necessidade do nosso momento atual. É preciso abrir o chakra cardíaco e curar as emoções e as limitações físicas. Este é um trabalho muito importante para que a cura planetária aconteça, a humanidade desperte e entre em um novo patamar na espiral evolutiva.

A cura de cada um reside dentro de seu próprio coração, com a sua verdadeira essência, sua alma. Este livro é um convite para o despertar da luz do seu próprio coração. Precisamos nos alinhar com esse farol que guia nossos passos no caminhar pela vida.

Uma humanidade guiada pelo coração será uma humanidade mais amorosa, mais consciente, sábia, pacífica, respeitosa em relação à diversidade de todos os seres que habitam o planeta.

Esse despertar massivo possibilitará o desenvolvimento de mais pessoas conscientes e diminuirá o número de pessoas gananciosas pelo poder material. Possibilitará a formação de representantes de sociedades que tomarão decisões respeitosas e compassivas, em harmonia com todos os seres que habitam o planeta e com o cuidado necessário em relação à natureza que nos abriga com tanto amor. Tudo isso é fundamental para a sobrevivência das espécies atualmente vivas no planeta, inclusive a espécie humana.

Isso é uma utopia? Utopia é o nome de um sistema possível no futuro, e aqueles que despertam para essa utopia trabalham em direção à ela, como focos de luz.

Oração ao sol

Oh doador de luz,
Beleza cósmica,

Permeie todo o meu ser com os vossos raios,
Acenda a chama no altar do meu templo,
Para que eu possa viver
Como um foco de luz,
Na beleza,
Até o crepúsculo dos dias da minha vida.

Coração

O que é o coração? Apenas um orgão que bombeia o sangue que corre pelas nossas artérias, responsável por nos manter vivos biologicamente? É um lugar sensível que dói de saudades, que sente quando algo vai acontecer, que se emociona por alguma razão, que se parte quando somos abandonados? Ou que se alegra ao ouvir o lindo canto da seriema no cerrado?

Precisamos olhar mais profundamente dentro do coração e entender o que é realmente o órgão, o centro energético, esse lugar em nosso ser, para melhor compreender a sua complexidade.

Hoje a ciência começa a concordar com a poesia: "O coração tem razões que a própria razão desconhece." Pesquisas recentes nas áreas de neurociência e cardioenergética revelam que o coração não é apenas uma bomba de sangue ou um objeto de metáforas românticas para os sentimentos; ele possui características singulares e surpreendentes, que abrem caminhos para uma atuação pessoal e profissional mais criativa, produtiva e saudável.

"Dispomos hoje de provas científicas de que o coração nos envia sinais emocionais e intuitivos para nos ajudar a governar a nossa vida. Em vez de simplesmente bombear sangue, o coração dirige e promove o alinhamento de muitos sistemas do corpo, de modo a fazer com que funcionem em harmonia uns com os outros."

(Instituto Heart Math, Califórnia, EUA)

Algumas descobertas surpreendentes da ciência:

- O campo elétrico do coração é 40 a 60 vezes superior ao campo elétrico gerado pelo cérebro. Seu campo magnético é 4.000 a 5.000 vezes mais potente que o do cérebro, e pode ser medido a até três metros de distância.

- Os batimentos cardíacos são gerados no interior do próprio coração; ele não precisa de uma ligação com o cérebro para bater. Os cientistas ainda não sabem exatamente o que faz o coração de um feto começar a pulsar.

- O coração possui um sistema nervoso independente, com aproximadamente 40 mil neurônios: o cérebro do coração. Esse complexo neuronal gera uma inteligência própria, diferenciada e altamente intuitiva, que processa informações e envia sinais para o sistema límbico e o neocórtex – a área do cérebro responsável pelo pensamento e raciocínio.

- O coração se comunica com o cérebro e o corpo de quatro maneiras:

  - comunicação neurológica (sistema nervoso)
  - comunicação biofísica (ondas de pulsação)
  - comunicação bioquímica (estimulando os hormônios)
  - comunicação energética (campos eletromagnéticos)

- Cada batida do coração carrega informação para as células do corpo, numa linguagem inteligente que influencia diretamente a nossa maneira de manter a saúde, perceber, pensar e reagir. Os ritmos cardíacos geram campos eletromagnéticos específicos, de maior ou menor coerência, que afetam diretamente o funcionamento de todos os órgãos, especialmente as funções cerebrais.

- Quando o cérebro e o coração estão em sincronia energética, a pessoa dispõe de mais inteligência e intuição – a chamada inteligência emocional.

(Fontes: Instituto HeartMath, Califórnia, EUA; *Memória das células*, livro do dr. Paul Pearsall; *The biology of transcendence*, livro de John Pearce)

A qualidade do campo energético do coração afeta os ritmos cardíacos, que, por sua vez, influenciam diretamente as funções fisiológicas e cerebrais. Mudanças poderosas e surpreendentes ocorrem quando usamos as técnicas da cardioconsciência para gerar intencionalmente sentimentos positivos. Podemos, então, concluir que o coração é o grande maestro dos sistemas físicos e cognitivos, aquele que dá o ritmo e regula a maior ou menor eficiência do corpo humano.

Se, por exemplo, sentimos frustração, medo, raiva ou mágoa, criamos um campo energético interno e externo desordenado e incoerente, e nos sentimos confusos, pouco criativos e sem energia. Se, ao contrário, vivenciamos o que chamamos de frequências superiores do coração – sentimentos como amor, compaixão, alegria, perdão, gratidão –, produzimos um campo coerente e ordenado que se irradia como informação para todas as células do corpo, gerando equilíbrio, clareza mental, criatividade, energia e bem-estar. A esse processo chamados coerência entre coração e cérebro.

Os sentimentos são códigos de acesso para o que chamamos de sabedoria do coração, que pode ser definida como a capacidade de um indivíduo gerar níveis excepcionais de energia interior, aprimorando os estados mentais, emocionais, físicos e espirituais.

Essas novas pesquisas começam a aproximar a ciência da milenar sabedoria esotérica e de seus ensinamentos sobre as funções sutis do coração. Os ensinamentos esotéricos, também chamados de sabedoria antiga, já abordam há milênios outras funções do coração. Agora, através de novas pesquisas, a ciência começa a explicar esses aspectos esotéricos do coração.

O Hinduísmo, por exemplo, fala sobre a função central do coração como "sol interno". O termo sânscrito surya representa o sol da aurora e o sol central do nosso corpo: o coração.

Surya Vidya: conhecimento do coração

Surya é o deus do Sol, adorado nos Vedas, as escrituras sagradas do hinduísmo, que representam a mais antiga literatura das línguas indoeuropeias. Ele é filho de Aditi (espaço), a mãe de todos os deuses, e esposo de Sañjña (consciência espiritual). Surya é a deidade solar chefe. Na literatura hindu, é mencionado como o aspecto visível de Deus, aquele que a pessoa pode ver todos os dias. O deus Surya é conhecido também como um aspecto de Shiva e Vishnu. O deus Sol era louvado na Índia antiga como o símbolo da vida eterna e da saúde.

Surya, nos Vedas, é traduzido como "a alma que habita todos os seres, animados ou inanimados".

Na mitologia hindu, "Surya viaja pelo céu em sua carruagem puxada por sete cavalos ou por um cavalo com sete cabeças, conduzida por Arum, que leva em suas mãos um chakra (roda) de luz do sol, um padma (lótus) e um sankha (concha); sua mão erguida é um sinal de proteção".

Surya é considerado o coração, o sol em cada um de nós.

Vidya, em sânscrito, significa literalmente sabedoria, mas também conhecimento, verdade, ciência. A palavra provém da raiz vid-, a mesma que origina a palavra veda. É também um dos nomes de Sarasvati, a deusa hindu do conhecimento. Designa, ainda, uma linha de yoga mais conhecida atualmente como Vidya Yoga.

Vidya é considerada pelo mestre hindu Shankara como a raiz da libertação. A maioria das escolas de Vedanta corroboram essa tese. Vedanta é uma tradição espiritual contida nos Upanishads (parte das escrituras sagradas hindus) e significa "a meta de todo o conhecimento", que é um estado de autorrealização ou consciência cósmica. O Vedanta é compreendido como um estado de transcendência, não como um conceito que pode ser apreendido apenas pelo intelecto.

Voltemos a Surya, o sol central de nosso ser – o coração.

No Hinduísmo também aprendemos sobre os chakras, centros energéticos do corpo que distribuem a energia vital que recebemos do cosmo, o prana (do sânscrito "sopro da vida"), que é absorvido pelos seres vivos através do ar que nutre nossos órgãos e sistemas. Um desses chakras é denominado Anahata – o chakra cardíaco.

> **O centro do coração, Anahata, está localizado no centro do tórax, entre as omoplatas. Esse centro, quando adequadamente radiante e magnético, permite que as pessoas se relacionem a partir de um amor mais elevado e incondicional para com todos os seres. Mas para que o centro do coração possa ser ativado, é necessário o uso da vontade. Existem exercícios meditativos que favorecem esse processo.**
>
> (*Dhyana: a arte do silêncio*, Jeanne Marie White, Ed. Totalidade)

Adiante falaremos mais sobre os chakras e apresentaremos exercícios que ajudam a alcançar o desbloqueio e a expansão do chakra cardíaco. Por enquanto, vamos focar nesse sol do coração, nessa luz que se irradia se estivermos abertos, desbloqueados e conectados com a energia do amor e da gratidão.

Conhecemos, no Cristianismo, a figura de Cristo com um coração resplandecente no peito, nas imagens do Sagrado Coração de Jesus e de Maria – um coração centralizado com raios de luz.

Vamos explorar as maneiras de perceber essa luz e compreender o que impede a nossa conexão com ela. Posteriormente, através de mais aprofundamento e exercícios, abordaremos como nos libertar dos padrões e condicionamentos que levam a bloqueios e, finalmente, iniciar a limpeza energética do coração, por meio de exercícios e atitudes.

Quando nos conectamos com essa luz divina que habita o nosso coração, permitimos que a energia vital flua em nossos corpos físico e etérico. Então nós nos abrimos para uma vida mais plena e serena, e nos conectamos com as abundantes energias cósmicas.

Mas o que é essa luz? O que isso significa? De onde ela vem? Luz é uma manifestação de energia. Sabemos que a luz possibilita o desenvolvimento da vida na Terra.

Luz

A fonte de luz mais visível aos olhos humanos é o sol. Ele emite radiação através de todo o espectro eletromagnético, mas a radiação mais intensa está na região visível aos nossos olhos. Os comprimentos de onda mais visíveis são os de 400nm a 700nm, mas existem outros comprimentos de ondas de luz que não são visíveis para nós, como a radiação ultravioleta, a infravermelha e a gama, entre outras.

A luz solar é utilizada pelas plantas para produzir seu alimento, dando início à cadeia alimentar. Todas as cores observadas são uma combinação da nossa capacidade ótica com o efeito que a luz produz sobre a superfície dos objetos. Cada superfície recebe ondas de luz e reflete ondas que determinam a cor que enxergamos. As ondas são captadas pela visão, que envia sinais para o cérebro interpretar.

Todos os corpos (objetos) emitem radiação magnética, chamada de radiação térmica devido à sua temperatura. O sol é um corpo incandescente, denominação associada a objetos quentes. A incandescência consiste no processo de emissão de radiação eletromagnética por um corpo sob alta temperatura. São necessárias temperaturas que excedam 1.000°C para que um objeto de torne incandescente.

Outros objetos emitem ondas de luz que não são visíveis aos nossos olhos; nós, seres humanos, estamos nessa categoria. Recebemos luz do sol e a irradiamos conforme nossas características vibracionais internas – é a nossa aura, a luz que envolve o nosso ser e que está relacionada ao tipo e à intensidade de energia que vibramos.

Buscando explicar a natureza da luz, o cientista escocês James Clerk Maxwell (1831-1879) propôs a teoria de que a luz seria constituída por ondas eletromagnéticas. Assim, as diferentes radiações visíveis (cores) e invisíveis (raios gama, raios X, ultravioleta, infravermelho, micro-ondas e ondas de rádio) seriam distinguidas por comprimentos de onda e frequências diferentes.

No entanto, havia alguns aspectos que essa teoria não explicava: a cor que determinados objetos refletem quando são aquecidos. Todo objeto que se encontra em temperatura ambiente é visualizado, porque reflete radiação em determinada frequência e em determinado comprimento de onda que corresponde à sua cor (luz visível).

Objetos que estão em temperaturas altíssimas não refletem a luz que incidiu sobre eles, mas emitem luz própria, em comprimento e intensidade suficientes para que se tornem visíveis a nós. O ferro, por exemplo, muda de cor à medida que sua temperatura aumenta. Ele fica primeiro vermelho, depois amarelo, posteriormente branco e, em temperaturas extremamente elevadas, o branco fica ligeiramente azul. Ao estudar esse fenômeno, os cientistas mediam a intensidade da radiação em cada comprimento de onda e repetiam as medidas para uma variedade de temperaturas diferentes.

O físico alemão Gustav Robert Kirchhoff (1824-1887) descobriu que essa radiação emitida depende apenas da temperatura, não do material. Um objeto que age dessa forma passou a ser denominado "corpo negro". Ele não é chamado assim pela sua cor, pois não é necessariamente escuro; pelo contrário, muitas vezes é branco. O nome vem do fato de que o objeto não favorece a emissão de um comprimento de onda, pois, enquanto o branco é a reflexão de todos os comprimentos de ondas visíveis, o preto absorve todos os comprimentos e não reflete nenhuma cor. Portanto, o corpo negro absorve toda a radiação que incide sobre ele.

A temperatura é uma grandeza física escalar definida como a medida do grau de agitação das moléculas que compõem um corpo. Quanto maior a vibração molecular, maior será a temperatura do corpo, mais quente ele estará (e vice-versa) e mais luz irradiará. A temperatura indica o grau de agitação e vibração dos átomos e moléculas de um corpo.

Em 1900, o físico e matemático alemão Max Planck (1858-1947) descobriu que a energia não é contínua, como se pensava anteriormente. Sua teoria dizia basicamente o seguinte:

A radiação é absorvida ou emitida por um corpo aquecido não sob a forma de ondas, mas por meio de pequenos "pacotes" de energia.

Max Planck chamou esses pequenos pacotes de quantum, a unidade mínima indivisível de quanta (que vem do latim e significa quantidade, literalmente "quanto"). O quantum seria uma unidade definida de energia proporcional à frequência da radiação. A partir daí surgiu a expressão teoria quântica. Atualmente um quantum é chamado de fóton.

Max Planck, Nobel de Física em 1918, é considerado o pai da física quântica. Ele propôs uma fórmula que descreve o espectro da radiação emitida por um corpo aquecido, mais precisamente um corpo negro, definido como um objeto ideal que absorve toda a radiação incidente.

Planck buscou explicar as características especiais da luz emitida por corpos aquecidos. Os corpos negros têm alto coeficiente de absorção de radiação; por isso, podem parecer negros para a visão humana. Embora idealizado, o corpo negro é uma boa aproximação de sistemas encontrados na natureza, como as estrelas. Essa foi a base da teoria quântica, que surgiu dez anos depois com a colaboração de Albert Einstein e Niels Bohr.

Em baixas temperaturas, não há energia suficiente para induzir as oscilações de altas frequências; dessa maneira, o objeto não regenera radiação ultravioleta, outros comprimentos de ondas e pacotes de energia.

É importante salientar que atualmente adota-se o modelo da dualidade onda-partícula da matéria. Isso significa que as duas teorias são usadas para explicar a natureza da luz: a ondulatória e a corpuscular.

Albert Einstein usou a hipótese de Max Planck para explicar os resultados obtidos em seus trabalhos sobre o efeito fotoelétrico, em 1905. Einstein postulou que a luz, ao se propagar, pode ser considerada um conjunto de quanta, posteriormente chamados de fótons.

Quando a luz se propaga no espaço, ela se comporta como onda, mas quando incide sobre uma superfície, passa a se comportar como partícula. Einstein, que acreditava que "Deus não joga dados", escreveu: "Todos esses cinquenta anos de reflexão conscienciosa não me deixaram mais perto da resposta à pergunta: o que são os quanta de luz?"

Se você quiser conhecer os segredos do universo, pense em termos de energia, frequência e vibração, afirmou Nikola Tesla.

A relação entre energia e a estrutura da matéria

Porque entramos mais detalhadamente nessas explicações sobre luz e energia? Porque tudo na vida é energia. Todos os corpos são condensação de energia, por meio do movimento de átomos e moléculas. A frequência com que essas partículas se movem está relacionada à quantidade de movimento das ondas eletromagnéticas e à agitação das partículas num corpo. Quando os comprimentos de onda são mais acelerados, o padrão vibratório é mais elevado. Quanto mais elevada a vibração, melhor a qualidade da energia de um corpo: mais sutil e mais iluminado ele se apresenta. A vibração é relacionada à qualidade. A frequência é relacionada à quantidade.

A vibração do mundo onde vivemos é formada por uma frequência de ondas lentas, gerando uma energia densa, da terceira dimensão. Para elevar a vibração do mundo precisamos contribuir para elevar a vibração dos nossos pensamentos, sentimentos, ações e crenças; eles formam um campo enérgico que vibra em frequências mais elevadas.

A matéria é uma ilusão do nosso modo de perceber a realidade. Se mudamos de percepção, observamos um mundo totalmente diferente do que nos parecia antes.

A meditação é uma ferramenta que nos permite acessar dimensões mais sutis para elevar nosso padrão vibratório.

De acordo com o físico Niels Bohr, tudo que chamamos de realidade é feito de coisas abstratas que não conseguimos ver, e que portanto não são concretas nem reais.

A física quântica tem demonstrado que o mundo como o vemos é apenas uma ilusão de ótica, uma ilusão de percepção, e que a realidade não existe se não houver um observador para observá-la. O universo existe como um número de possibilidades sobrepostas e o observador vai enxergar e se conectar com cada camada dessa realidade.

O que isso tudo tem a ver com o coração? Vamos refletir. Vimos anteriormente que todos os corpos são condensação de energia, pelo movimento de átomos e moléculas. Pare a leitura por alguns minutos e reflita sobre o que foi dito sobre as características do coração e do chakra cardíaco, a necessidade de expandir a sua luz, a natureza da luz e as características de todos os corpos existentes, inclusive os corpos humanos, como receptores e emanadores de luz. Reflita também sobre o aumento da nossa frequência e da nossa vibração.

Nesse momento, proponho um exercício.

Exercício do ser de luz

Sente-se numa posição confortável. Feche os olhos. Faça algumas respirações lentas e profundas. Sinta seu corpo relaxando. Coloque sua atenção no chakra cardíaco, um pequeno ponto de luz no centro do seu tórax, abaixo da glândula timo. Então, respire profundamente para dentro desse ponto de luz. A cada inspiração sinta esse ponto vibrando, pulsando, expandindo-se.

Observe o que você sente. Que sentimentos surgem? Só observe os sentimentos, sem apego. Existe serenidade nesse ponto de luz? Se não, tente substituir qualquer sentimento por serenidade, amor por você mesmo e gratidão pela vida. Sinta a temperatura dessa luz aumentando e ficando mais intensa, com a energia de amor e de gratidão.

Visualize essa luz se expandindo e se espalhando por todo o seu tórax, todos os órgãos. Visualize cada órgão (coração, pulmão, fígado, pâncreas, rins···). "Escaneie" todos os órgãos com a luz emitida pelo coração. Visualize todas as células de todos os sistemas se iluminando. Continue expandindo essa luz por todo o seu corpo, descendo pelos membros inferiores até os pés. Visualize suas pernas e seus pés iluminados. Agradeça às células dos seus pés.

Agora volte novamente a sua atenção ao tórax; visualize essa luz se irradiando pelos braços até as mãos. Vire as palmas das mãos para cima, sinta o calor da luz das suas mãos se expandindo para além de seu corpo. Coloque suas duas mãos sobrepostas no chakra cardíaco, e perceba agora a luz se irradiando para cima, iluminando a glândula timo, depois a tireoide, e subindo pelo pescoço em direção à cabeça. Perceba as glândulas pituitária e pineal iluminadas. Observe que seu cérebro está irradiando luz através de todos os neurônios. Visualize sua mente iluminada, todos os seus pensamentos calmos e cheios de luz, recebendo sentimentos de amor e gratidão do seu coração. Visualize um facho de luz se projetando da sua mente para o alto da cabeça, conectando você com a luz solar.

Agora perceba seu corpo inteiro incandescente, vibrando ondas de luz como um sol. Visualize essa luz se expandindo para além do seu corpo físico. Perceba que você é um ser iluminado, incandescente, irradiando luz: um farol de luz!

Respire profundamente, abra os olhos e perceba o espaço à sua volta, as cores que emanam de todos os objetos. Sinta a alegria de estar aqui e agora. Agradeça.

Os chakras

Sete centros de energia: vórtices de luz no nosso corpo

Antes de entender o que são chakras é necessário saber que nosso ser é composto por vários corpos: físico, etérico, astral ou emocional, mental inferior, mental superior, a alma individual e o corpo espiritual. Este último faz parte da espécie humana como um todo – a humanidade. O único corpo que conseguimos enxergar é o físico. Mas o corpo etérico é como a luz, o vento e o som, que são formados por ondas de eletróns, e tantos outros aspectos da vida dos quais só conseguimos enxergar os efeitos. Contudo, já existem métodos de comprovação da sua existência.

> "Em 1935, o Dr. Harold Burr, da Universidade de Yale, estabeleceu que todo ser vivo é circundado por uma aura energética, que ele chamou de 'campo eletromagnético', o qual controla a forma, o desenvolvimento e a decadência de células, tecidos e órgãos. Naquela mesma universidade ficou evidenciada a interrelação de desse campo com a mente. Na Rússia, há cerca de trinta anos, o casal Kirlian conseguiu impressionar um filme fotográfico com radiações energéticas emitidas por pequenos objetos e seres vivos. Era uma 'fotografia' das emoções prânicas. Os cientistas constataram que não se tratava de nenhuma das formas de energia conhecidas (elétrica, luminosa, calórica) e denominaram-na energia bioplásmica. A partir daí, desenvolveram-se pesquisas sobre as kirliografias em todo o mundo."
>
> (Artigo da professora Larissa A. Bachir Polloni – CETN)

O corpo etérico é constituído por uma rede de correntes de energia, de linhas de força e de luz — os nadis, na linha da yoga, ou meridianos na medicina chinesa. Ele se projeta para além do corpo físico como uma luminosidade, e essa luminosidade é chamada de aura.

Constitui parte de uma rede vasta de energia que subjaz a todas as formas (...). Ao longo dessas linhas de energia fluem as forças cósmicas, assim como o sangue flui através das artérias e veias (...). Essa constante circulação individual de forças vitais através dos corpos etéricos de todas as formas é a base de toda a vida manifestada, e a expressão da não separatividade essencial que permeia toda a vida.

(Do livro *Cura Exotérica*, Tomo I, Alice Bailey, Ed. Fundação Avatar)

Os meridianos se conectam aos órgãos físicos, fornecendo-lhes energia e reequilibrando os vórtices de energia que são denominados chakras. A milenar medicina oriental trabalha com a cura do corpo etérico através, por exemplo, da acupuntura, com a colocação de agulhas em pontos estratégicos dos meridianos, para fortalecer a energia vital dos órgãos e do corpo de forma geral.

Os chakras são centros de luz em nosso corpo etérico; eles distribuem a energia vital do cosmo, o prana (do sânscrito "sopro da vida"), para todo o nosso corpo físico. O prana é absorvido pelos seres vivos através do ar e conduzida por canais (nadis) que nutrem órgãos e sistemas. Os canais podem ser estimulados por meio de práticas de respiração, como a pranayama. As técnicas de respiração purificam e desenvolvem as correntes energéticas e os chakras.

Vamos analisar melhor o que são os chakras,* como eles estão relacionados com nosso corpo físico e conectados com o cérebro e com o coração, para que possamos, a partir daí, desenvolver uma limpeza do nosso corpo mental, emocional e físico, e assim nos libertarmos do lixo que impede a nossa realização como seres de luz que somos.

Para melhor demonstrar o que são os chakras e como funcionam, partilho aqui uma mensagem que recebi em um sonho lúcido, em 1986, publicada no livro *Dhyana: a arte do silêncio* (Ed. Totalidade, 2000).

* As definições e funções dos chacras podem variar de acordo com cada autor.

"A humanidade está passando por uma fase muito importante em seu processo evolutivo, e para isso é necessário que pessoas como você estejam preparadas para impulsionar esse processo. Nas próximas décadas haverá uma grande expansão da consciência humana, o que caracterizará um ciclo de mentes mais evoluídas. A humanidade está se preparando para transcender seus limites do corpo emocional e desenvolver sua mente, juntamente com o coração, como instrumentos para o progresso. Daí a importância da meditação nesses tempos de transição.

Existem no corpo etérico humano, corpo de constituição energética, sete vórtices, que são canais para receber e irradiar energia. Esses canais ou centros são também chamados de chakras. O corpo etérico e seus centros ainda não podem ser vistos pela grande maioria das pessoas, porque elas ainda não desenvolveram a faculdade mental responsável por essa sensibilidade. Mas futuramente, quando a humanidade estiver mais evoluída, essas explicações serão desnecessárias, porque esses níveis mais sutis de energia poderão ser percebidos visualmente.

Os centros são reservatórios de força e distribuidores de energia, coloridos por qualidades específicas e de uma certa nota, vibração e resistência. Quando nos tornamos mais maduros, esses centros são mais facilmente controlados pela alma, por meio do centro da cabeça."

Antes de falar sobre os chakras, é útil entender um pouco sobre o cérebro, um órgão muito complexo. Vamos aqui analisá-lo brevemente.

O cérebro dos seres humanos está integrado ao sistema nervoso central. Ele é composto por milhares de neurônios que permitem uma relação constante entre a mente, o coração e as demais partes do corpo. É dividido em três unidades funcionais, segundo a teoria do cérebro trino de MacLean. Cada uma delas representa um extrato evolutivo do nosso sistema nervoso: o cérebro reptiliano ou basal, também conhecido como R-complex; o cérebro emocional ou límbico; e o cérebro racional, ou neocórtex.

1. O R-complex é o primeiro nível de organização cerebral, capaz apenas de promover reflexos simples e instintivos. É a nossa herança do reino animal. Está ligado à sobrevivência e é responsável pelas sensações primárias como fome, sede, medo de ataques, medo da morte e da dor. É também encarregado de levar a cabo algumas condutas inconscientes e involuntárias, como a respiração, a pressão sanguínea, a temperatura e o equilíbrio, entre outras. O R-complex foi identificado, na teoria do cérebro trino de MacLean, como a parte mais antiga do cérebro, que compartilhamos com outros mamíferos e répteis. Ele se encarrega principalmente das nossas funções mais básicas, como nos proteger de ameaças, defender-nos e fugir para garantir a sobrevivência. O cérebro reptiliano ou complexo-R ocupa aproximadamente 5% do total da nossa massa cerebral.

2. O cérebro límbico, ou paleommamalian brain, é o segundo nível funcional do sistema nervoso; possui diversas partes que não precisamos detalhar aqui. Essa área é responsável por controlar o comportamento emocional; por isso, é também chamada de cérebro emocional.
3. O neocórtex, ou cérebro racional, é o que diferencia o ser humano e os primatas dos demais animais. Segundo Paul MacLean, é apenas pela presença do neocórtex que o ser humano consegue desenvolver o pensamento abstrato e tem capacidade de desenvolver invenções.

Agora vamos dar uma pincelada para conhecer os chakras e suas relações com o sistema nervoso, o sistema endócrino e o cérebro.

1. Chakra básico: o Muladhara (raiz de suporte)

O primeiro centro está localizado na base da coluna. É chamado de chakra básico, Muladhara em sânscrito, pois é o canal de conexão com o aspecto humano mais próximo do ser animal, da encarnação na Terra, o ser instintivo e físico. Esse centro é encarregado da sobrevivência individual e da espécie. É representado pela cor vermelha.

Acredita-se que o chakra básico administre os instintos primitivos, os impulsos de sobrevivência, e é por onde entra a energia telúrica (ou kundalini). Quando esse chakra está equilibrado, sentimos um sensação de serenidade com relação ao aspecto financeiro, moradia e segurança. Se sentimos ansiedade e insegurança financeira, incertezas sobre o futuro, medos relacionados à sobrevivência, significa que esse chakra está hiperativo, o que pode acarretar distúrbios digestivos, problemas na região lombar e nos quadris, dores e problemas no aparelho reprodutor. Para equilibrar o chakra básico é importante praticar atividades que tragam serenidade, como meditação, caminhadas na natureza, exercícios de respiração e aterramento, através de atividades como jardinagem, tai-chi (com os pés descalços, em contato com a terra) – e principalmente uma simplificação do nosso estilo de vida e das nossas necessidades básicas, equilibrando as finanças de forma a nos sentirmos seguros e serenos.

Observamos que o chakra básico, que se localiza na base da coluna vertebral, está de alguma forma conectado com o cérebro através do R-complexo, uma vez que esse centro de energia também está ligado à nossa sobrevivência e às funções básicas do corpo físico.

Na época em que os seres humanos se preocupavam apenas com a sobrevivência e viviam nas cavernas, o cérebro reptiliano era o mais desenvolvido e o primeiro chakra era o centro mais ativado.

A energia vital se move do chakra básico para o centro da cabeça em movimentos de espiral, que são conhecidos no seu mundo como a serpente do kundalini, termo hindu para descrever o movimento dessa energia.

(Do livro *Dhyana: a arte do silêncio*)

2. Segundo chakra: sacral ou Swadhistana

Está localizado na região pélvica, abaixo do umbigo, na região superior do sacro. É responsável pela energia sexual, a fertilidade, a criatividade, a força vital e a reprodução. É representado pela cor laranja.

Com a evolução da humanidade, na história antiga esse segundo centro se tornou predominante. Este chakra tem a ver com *ser humano.* Está relacionado com o prazer em vários sentidos, inclusive com o prazer da realização profissional. Quando esse chakra está equilibrado, a pessoa sente satisfação e prazer de estar viva; sente-se conectada com a abundância em todos os sentidos.

Quando esse chakra está desequilibrado, a pessoa pode desenvolver vícios, gula, obesidade, desequilíbrios hormonais, insatisfação com a vida, depressão, falta de criatividade. Para equilibrar o segundo chakra é muito importante o uso da meditação reflexiva sobre nossas atitudes e carências, sobre como estamos conduzindo a nossa vida, e se estamos nutrindo a nossa alma. É importante reservar tempo para atividades que nos dão prazer e alegria, e apreciar a vida como ela é.

3. Terceiro chakra: plexo solar ou Manipura

Localiza-se da região do umbigo até o esterno. Está relacionado com as glândulas suprarrenais. É representado pela cor amarela. Quando tornou-se ativo, possibilitou à humanidade desenvolver seu corpo astral ou emocional, que foi uma característica predominante nos últimos dois mil anos (a chamada Era de Peixes).

Existem dois aspectos do plexo solar. O primeiro aspecto, num nível mais superficial, relaciona-se com as emoções, o corpo astral, o corpo dos desejos. Esse centro domina o ser psíquico e está conectado com o nosso subconsciente. Podemos dizer que o primeiro aspecto do plexo solar está também relacionado ao sistema límbico do cérebro.

Este aspecto do plexo solar é responsável pelo poder pessoal, a autoconfiança, o senso de determinação e o conhecimento. É o chakra do guerreiro, pronto para encarar a vida. Podemos dizer também que esse chakra está relacionado a algumas áreas do neocortex.

Quando o plexo solar está desequilibrado, tendemos a buscar poder por meio de coisas externas, materiais; a ter necessidade de controlar as situações e os outros com autoritarismo, irritação, falta de compaixão e de empatia. A pessoa também pode se sentir inativa, indecisa e carente. Isso pode acarretar sinusite, problemas digestivos, problemas no pâncreas, apêndice, fígado, rins e intestinos.

Para equilibrar esse chakra é necessário meditar e visualizar a abertura do coração, enviando amor incondicional e compaixão para as pessoas do seu convívio, para a humanidade e para si mesmo, compreendendo que seu poder reside dentro do seu coração, e que você é um foco de luz que se irradia para o mundo.

Um outro aspecto do plexo solar é ativado pela energia emanada do centro da cabeça, o centro coronário e a glândula pineal. Este é um aspecto mais desenvolvido e mais interno, e está ligado ao aspecto mental mais elevado, ou o superconsciente.

Portanto, o plexo solar tem dois pontos de energia dinâmica. O primeiro está relacionado à energia psíquica que foi ativada durante a Era

Esses dois pontos de luz vital no plexo solar fazem deste chakra um ponto de importância dominante. Ele funciona como um centro de limpeza para os chakras abaixo do diafragma, e como uma ponte entre esses centros e os chakras acima do diafragma, ajudando a energia a subir em direção aos centros superiores.

de Peixes, mas o segundo aspecto só agora está entrando em atividade, devido ao trabalho atual da alma. Quando esse segundo ponto de luz for ativado na maioria dos seres humanos, nós despertaremos para uma realidade mais espiritual como um só organismo; estaremos mais libertos dos limites da matéria, o que possibilitará uma visão melhor dos aspectos mais evoluídos da vida e dos segredos do universo até então ocultos. Passaremos da limitação da terceira dimensão para a quinta dimensão, um novo patamar da evolução. Essa informação foi detalhada pelo Mestre D. K., nos livros de Alice Bailey.

Vamos analisar em seguida os quatro pontos acima do diafragma: o centro do coração, ligado à glândula timo; o centro da garganta, ligado à glândula tireoide; o centro da terceira visão, ou Ajna, localizado na altura dos olhos, entre as sobrancelhas, e ligado à glândula pituitária; e o centro no alto da cabeça, chamado de centro coronário, ligado à glândula pineal. Vou falar rapidamente sobre cada um deles e focar então no chakra cardíaco, objeto do presente trabalho.

4. Quarto chakra: cardíaco ou Anahata

O chakra cardíaco está localizado no centro do tórax, entre as omoplatas. Esse centro, quando adequadamente radiante e magnético, permite que as pessoas se relacionem a partir da compaixão, de um amor mais elevado e incondicional para com todos os seres e para consigo mesmo. Está relacionado à cura e à saúde.

Quando desequilibrado, podemos perder nossos limites pessoais e nos dedicar a servir aos outros e às situações que a vida nos apresenta com muita dedicação, porém em detrimento do nosso bem-estar e saúde. Isso pode acarretar frequências cardíacas aceleradas, palpitações, problemas de circulação, arritmia, azia, refluxo e problemas de relacionamentos. Ou, por outro lado, podemos nos retrair, com medo de sermos magoados ou rejeitados, e assim nos fecharmos para expressar amor e compaixão.

Porém, para que o centro do coração possa ser ativado, é necessário o uso da vontade para despertar o aspecto interno do plexo solar. Quando este último é despertado, ele se conecta com o centro da cabeça, que, por sua vez, desperta o centro do coração. Existem exercícios meditativos que favorecem esse processo e ajudam na abertura do chakra cardíaco de forma equilirada. Abordaremos isso adiante, mais detalhadamente.

5. Quinto chakra: garganta ou Vishuddha

O centro da garganta é o centro da expressão clara, das verdades pessoais, do que se acredita, do trabalho criativo e da comunicação de ideais. O centro da cabeça recebe a energia cósmica, que é emanada ao centro do coração para ser expressada através do centro da garganta. Ele é identificado pela cor azul.

Quando equilibrado, você conseguirá se comunicar com amor, clareza e empatia, e iluminará as pessoas que cruzam seu caminho. Terá o dom da palavra falada. Quando desequilibrado, temos a tendência de "engolir sapos", não expressamos nossa verdade, somos tímidos, costumamos nos sentir ignorados, mal compreendidos, invalidados. Ou, por outro lado, falamos mais alto, com tom agressivo, não sabemos escutar e temos a tendência de interromper os outros. Isso pode acarretar problemas digestivos, na garganta, na faringe e na glândula tireóide.

Para equilibrar esse chakra, procure sempre expressar a sua verdade, com confiança de que será ouvido; fale consigo mesmo, faça afirmações quando estiver sozinho, de forma clara e assertiva. Assim você exercita o poder da sua palavra.

6. Sexto chakra: terceiro olho ou Ajna

O sexto chakra é o centro da sabedoria, da perceção extrassensorial e da intuição. Está localizado entre as sobrancelhas e sua cor é o índigo. Ele abre o caminho para o desenvolvimento espiritual e mantém o equilíbrio entre o mundo físico e o espiritual. É o centro por onde recebemos impressões de níveis de consciência mais elevados, enxergamos e ouvimos o que os olhos não veem e o que os ouvidos não escutam. O Ajna é a nossa antena cósmica.

7. Sétimo chakra: coronário ou Sahaswara

O chakra das mil pétalas está localizado no topo da cabeça; é o portal por onde recebemos a energia cósmica e nos conectamos com o campo magnético de todas as infinitas possibilidades. Este chakra nos conecta à abundância cósmica, ao poder universal, à nossa iluminação e transcendência. É o centro da verdadeira felicidade, do nirvana. Sua cor é o branco e o violeta.

8. Oitavo chakra: o chakra dourado

Além dos sete chakras mais conhecidos existem também outros, como o anandakanda lotus (na mesma área do cardíaco) e um poderoso vórtice energético, o chakra dourado, localizado a cerca de trinta a sessenta centímetros acima da cabeça. Ele está ligado ao DNA espiritual, que por sua vez se conecta com o DNA físico. Quando elevamos nossas vibrações, o chakra dourado é ativado. À medida que isso ocorre, ele se torna um canal de captação de energias, atraindo para nosso campo energético as energias cósmicas e criando uma auréola dourada (como vemos nas pinturas em torno da cabeça daqueles que foram considerados santos). As frequências douradas nos elevam aos planos superiores, que sustentam nossa verdadeira conexão com a energia crística. Sua radiância não é a aura do corpo humano em si, mas do astral superior e dos campos celestiais. O oitavo chakra é o portal de entrada para a quinta dimensão.

"Na época da lua cheia, o sol, fonte mais elevada de energia no sistema solar, irradia energia na Terra sem ser obstruído pela lua, que se encontra do outro lado do planeta. Devido à irradiação direta do sol, a atividade magnética do centro Ajna é intensificada, assim como a atividade das glândulas pituitária e pineal. Isso estabelece um campo magnético para a ação de correntes energéticas manifestadas pela atividade do centro da cabeça e da glândula pineal. Por isso, na época da lua cheia as pessoas estão mais propensas a receber insights e a abrir suas mentes e corações para aspectos mais elevados da existência. Durante esse período se torna mais fácil contactar pessoas como você, que podem servir de veículos para que conhecimentos de vital importância para a evolução dos seres humanos sejam disseminados – com um certo cuidado, pois o estímulo indiscriminado dos chakras pode se tornar perigoso, principalmente o do plexo solar. Isso pode permitir um desenvolvimento de faculdades psíquicas para o qual não se está preparado, e levar até mesmo à loucura. A melhor forma de desenvolver esses centros é com serviço humanitário, observação de suas próprias reações e autoaperfeiçoamento, para que você possa ouvir os conselhos do ser mais maduro que existe dentro de você mesmo."

(Do livro *Dhyana: a arte do silêncio*)

O chakra cardíaco

No Hinduísmo, Anahata se refere ao surya que habita em nosso ser. O chakra Anahata é mais conhecido entre os ocidentais como chakra do coração, justamente por sua localização no centro do peito.

Um coração resplandescente significa um coração aberto, energizado, sábio, cheio de prana, de energia cósmica, altruísta, musical e poético – um coração cheio de luz. Esta é a luz do coração.

O chakra Anahata é fundamental para o nosso sistema de equilíbrio e rege os pulmões e o coração. É o chakra responsável pelos sentimentos de amor puro, assim como a gratidão e a generosidade. O amor representado nesse chakra não se limita ao sentimento entre dois parceiros; ele abrange o amor ao ser humano e à vida. Ouvimos falar que "coração de mãe nunca se engana", ou que a mãe sente quando algo negativo está para acontecer com seus filhos. Esta é apenas uma das ações desse centro, que conecta energeticamente e afetivamente as pessoas envolvidas pelos laços de amor.

Esse chakra é a ponte entre as energias cósmicas, espirituais, e a nossa energia emocional, nossos desejos e sonhos, nosso contato com o mundo manifestado. Bloqueios dessa energia estão relacionados com a falta de amor e de perdão, e podem gerar egoísmo e ressentimentos. É comum, quando estamos angustiados e aflitos, cruzar os nossos braços no peito, porque inconscientemente sentimos a necessidade de proteger a energia desse chakra, que está sendo desperdiçada.

Se você ama e é amado incondicionalmente, sente felicidade no momento presente, sente-se seguro consigo mesmo, é sinal de que sua alma já está trabalhando para a sua constante evolução. Se, por outro lado, guarda ressentimentos e mágoas, a energia do chakra do coração se torna descontínua, o que pode gerar doenças físicas relacionadas a órgãos de sua influência.

Esotericamente falando, o chakra cardíaco tem uma importante necessidade básica: dar e receber incondicionalmente.

Se você tem dificuldade de amar a si mesmo, de se perdoar e de perdoar as pessoas próximas, se guarda mágoas e ressentimentos afetivos, se está constantemente se sentido amargurado, com uma sensação de "coração apertado", seu chakra provavelmente está desequilibrado, e esse desequilíbrio, em última instância, pode acarretar vários tipos de doenças relacionadas ao coração, à circulação ou aos pulmões.

Portanto, é necessário refletir sobre seus valores e reciclar esses sentimentos, substituindo-os por sentimentos positivos de alegria, gratidão e perdão. É hora de usar o ho'oponopono, um interessante recurso da cultura havaiana, que abrange as seguintes afirmações:

Sinto muito. Me perdoe. Eu te amo. Eu sou grato.

De acordo com os conhecimentos orientais, o chakra cardíaco governa à glândula timo, responsável pela produção das células de defesa contra doenças infecciosas e autoimunes. Timo vem do grego thýmos, que significa energia vital. Essa glândula também governa a energia dos pulmões e do coração. Ela fica no nível do coração, atrás do esterno (osso situado na parte anterior da caixa toráxica, ligado às costelas).

No feto, a timo é grande (estende-se da região do pescoço até o diafragma); durante a infância começa a diminuir, e diminui ainda mais após a puberdade. Essa glândula aumenta quando estamos contentes, diminui para a metade do tamanho quando estamos sob estresse e se contrai ainda mais quando adoecemos.

A timo é um dos pilares do sistema imunológico, junto com a medula espinhal e as glândulas adrenais (ou suprarrenais), que são responsáveis pela liberação de hormônios em resposta ao estresse, através da síntese e liberação de hormônios como o cortisol e a adrenalina. A timo está diretamente ligada aos sentidos, à consciência e à linguagem, à sensibilidade para imagens, cores, luzes, cheiros, sabores, gestos, toques, sons, palavras e pensamentos. Também está intimamente ligada à música, e favorece o canto e os sons mântricos. Podemos concluir que a timo é uma glândula poética, que se alimenta de criatividade e arte.

Essa glândula tem um papel vital no processo de regulação do humor, de defesa imunológica e de refinamento das emoções, entre várias outras funções. Os sentimentos de amor e ódio afetam-na profundamente. Quando o chakra cardíaco não está equilibrado, a glândula timo não opera com seu inteiro potencial, deixando nosso sistema imunológico mais vulnerável. Quando a timo está ativa, o organismo se mantém jovem por mais tempo.

O chakra cardíaco estimula a imunidade e o bom funcionamento do coração e dos pulmões; também desenvolve a capacidade de amar, perdoar e sentir compaixão.

A glândula timo está associada à intenção, à coragem e à autoafirmação. Bater nela com os nós dos dedos da mão fechada produz uma ressonância muito positiva. Por isso tanta gente bate no peito diante de uma vitória, ou toca esse ponto para afirmar a sua identidade.

O chakra cardíaco é o chakra da expressão do amor e da compaixão.

Pela manhã, após acordar, é favorável bater na área da timo e falar algo, uma palavra ou uma afirmação. Isso é ainda mais eficaz se você compreender o poder da intenção e do sentimento, pois uma palavra de poder não é nada sem a sua profunda e forte intenção.

Você pode, por exemplo, usar a palavra "chispa" e produzir um som sibilante – chisssssspa – tanto para afastar algo que incomoda quanto para atrair algo de que precisa. Não se trata do "poder da palavra", mas do poder magnético da intenção que move as palavras.

Assim, você movimenta o seu poder e o universo responde com novos sentimentos, novas ideias, novas pessoas, novos eventos. Bater na timo e usar palavras como "chispa" são atitudes que acordam gradualmente, no seu subconsciente, o poder de atrair coragem, bondade, beleza e tudo o mais que você precisa que se manifeste na sua vida. Ao mesmo tempo em que você faz essa limpeza, é necessário falar essas palavras: eu sou amor, gratidão, compaixão, saúde, abundância...

Os pensamentos negativos têm mais poder do que os vírus e bactérias.

Pensamentos negativos podem acarretar desequilíbrio do chakra cardíaco, e isso pode levar à instabilidade emocional, a problemas de circulação, problemas respiratórios e cardíacos, medos e ilusões a respeito do amor. Para ativar o reequilíbrio desse chakra precisamos reconhecer e tratar as dores decorrentes de ciúmes, ressentimentos e abandonos – arquivadas em nosso subconsciente – lançando mão de terapias voltadas para curas emocionais e meditações dirigidas.

Quando o chakra cardíaco está equilibrado, a pessoa sente e compartilha amor incondicional, compaixão, equilíbrio emocional, harmonia e paz. Um chakra cardíaco equilibrado traz confiança e a sensação de que podemos encarar a vida de frente, de peito aberto. Existem exercícios importantes para estimular a timo e evitar que ela se petrifique com o passar do tempo, perdendo assim o estímulo da amorosidade.

Anandakanda lotus

Logo abaixo do Anahata, ou chakra do coração, há um outro chakra de oito pétalas chamado anandakanda lotus, que significa "a raiz da felicidade". É um jardim interno onde se encontra um altar secreto, que podemos visitar sempre que silenciamos e nos conectamos com o nosso centro de puro amor.

De acordo com a mitologia hindu, nesse jardim encontramos um belo lago, e no centro do lago uma ilha com uma linda árvore – a árvore do cumprimento dos desejos celestiais, do Céu de Indra, a Kalpataru. Em frente a essa árvore encantadora existe um altar precioso onde se encontram os desejos fervorosos do coração – não o que pensamos ser um desejo, mas o anseio mais profundo da alma. É a árvore da recompensa, capaz de prover todas as nossas necessidades.

O Anandakanda é onde reside o atman, o "eu sou". Não há muita informação disponível sobre Anandakanda. Ele é descrito como um chakra vermelho ou rosa-dourado. Podemos conhecê-lo através da introspecção, da percepção do silêncio de nosso jardim interno. Anandakanda é o nosso coração espiritual.

Quando se deseja honesta e profundamente, focando nessa árvore, se a intenção e a vontade forem fortes o suficiente, e se nos desapegarmos do desejo, recebemos o que desejamos verdadeiramente, e a Kalpataru nos oferece além do que pedimos. Isso resulta em liberdade (moksha).

A mente como canal para receber ou obstruir a luz

A mente é uma ferramenta muito importante para manifestar a realidade e materializar o nosso destino.

Você já deve ter ouvido falar sobre a Lei da Atração: o que você vibra, você atrai. Criamos aquilo em que colocamos nossa atenção. Se pensamos e sentimos escassez, criamos mais escassez; se vibramos abundância, criamos mais abundância. Essa teoria está de acordo com a teoria quântica. É muito importante manter a mente focada no que desejamos criar na nossa vida. A ciência da Programação Neurolinguística (PNL) postula que devemos ter cuidado com o que formulamos em palavras, pois elas têm o poder de se materializar.

Como vimos, segundo o físico Niels Bohr, tudo que chamamos de realidade é feito de coisas abstratas que não conseguimos ver, e portanto não são concretas nem reais. O que vemos é apenas uma uma ilusão de percepção; a realidade não existe se não houver um observador para observá-la, ou um criador de ideias que serão manifestadas.

Mas para isso a mente precisa estar desbloqueada e treinada; do contrário, ela se torna uma mensageira desgovernada, cria ilusões, ocupa-se com conversas superficiais e desnecessárias, repete chavões, clichês e crenças limitantes que habitam nosso subconsciente. É necessário educar essa mensageira para que ela não fique tagarelando o tempo todo, sem deixar espaço para que você ouça o seu mestre – o coração.

A mente é a mensageira do coração.

Quando escuto pessoas reclamarem da mente, vejo que existe muito preconceito contra essa mensageira. Não é preciso brigar com a mente; ela é um instrumento maravilhoso, desde que esteja afinada. Como uma flauta, uma guitarra ou qualquer outro instrumento, ela pode ser barulhenta e incomodar. Mas, se soubermos afinar esse instrumento e tocá-lo com sensibilidade e harmonia, ele se revela um instrumento divino.

Como educar a mente para não ser uma mensageira mentirosa?

Primeiramente, através da observação; em seguida, através do treinamento. Estamos falando não só de meditação, mas também de um treinamento diário. Durante nossas atividades de rotina, devemos observar a mente, atentos ao que essa mensageira diz. Ela está contando "causos" do passado, que não nos servem mais e já deveriam ter sido reciclados? Está fazendo julgamentos e críticas baseados no que acreditamos ser verdade, em crenças legadas por situações passadas, pelo inconsciente coletivo ou pela mídia? Está sendo vítima de suas limitações e falta de sabedoria, como as mentes desgovernadas da maioria dos seres humanos? Devemos observar, discernir e reciclar os pensamentos, assim como reciclamos o lixo.

Durante os primeiros oito anos de vida, contando o período no útero materno, recebemos influências do meio onde vivemos; assimilamos tudo de forma hipnótica, por meio de ondas alphas e thetas. Nós vivemos repetições de situações – muitas vezes traumas carregados de medo, desconfianças, incertezas, dores físicas ou emocionais, abandono e rejeição. Eles se transformam em carência, apegos e insatisfação. Essas influências criam formas-pensamentos, geralmente pela interpretação dos nossos sentimentos. As formas-pensamentos ficam armazenadas em nosso subconsciente e agem como gatilhos que são disparados mais tarde, quando vivemos algo que nos remeta a uma situação semelhante vivida no passado.

Os pensamentos que são armazenados no subconsciente se transformam em crenças limitantes, que na fase adulta nos impedem de realizar nossos sonhos e desejos mais profundos, e até mesmo nosso propósito de vida e os anseios da nossa alma. Alguns exemplos desses pensamentos-formas são: não consigo; não vai dar certo; vou ficar doente; não tenho dinheiro suficiente; coitado de mim; estão me rejeitando; eles não me amam; querem me trair.

Nossas crenças limitantes são às vezes tão sutis que nem temos consciência delas, mas nos tornamos suas vítimas; elas nos impedem de viver uma vida saudável, próspera, abundante, serena e feliz.

Para compensar essas crenças criadas pelos padrões repetitivos negativos, muitas vezes desenvolvemos o que vou chamar aqui de "respostas para sobreviver". Trata-se de características defensivas que nos fazem reagir de forma a nos salvaguardar do sofrimento, e que na realidade acabam por nos causar ainda mais sofrimento. Alguns exemplos dessas características defensivas são irritabilidade, impaciência, intolerância, ansiedade, agressividade, ganância, fome de poder, distúrbios compulsivos (como transtorno obsessivo-compulsivo), consumismo, fome insaciável, perfeccionismo, autocrítica, julgamentos, preconceitos, exigências desproporcionais em relação a si mesmo ou a outros.

Padrões: atitudes resultantes de traumas, medos e condicionamentos

Os padrões repetitivos são crenças, "normas" estabelecidas por nós mesmos, por outras pessoas ou por toda a cultura na qual estamos inseridos, e que se armazenam em nosso subconsciente.

Os padrões podem ser proativos ou limitantes. Alguns padrões ajudam a desenvolver qualidades – características de personalidade e caráter –, como autoconfiaça, altruísmo, determinação e serenidade. Outros padrões são formatados a partir de traumas e medos que marcam a nossa personalidade; eles nos limitam e nos enquadram em uma realidade irreal, ilusória e superficial. Isso cria ideias falsas sobre quem somos e sobre o que é essencial na vida, e pode levar até mesmo a doenças.

As pessoas se identificam com esses padrões, que as condicionaram desde a infância; acreditam neles como verdades, sejam padrões proativos ou limitantes. Muitos padrões também são estabelecidos pela sociedade e pelo meio onde vivemos (escola, família, cidade, país), como os preconceitos e os dogmas.

Os padrões limitantes causam um bloqueio energético em nosso corpo e nos nossos chakras – nosso corpo de luz. Isso impede a nossa conexão com a luz cósmica.

Para melhor compreender como funciona a nossa mente, precisamos defini-la e analisá-la do ponto de vista da psicologia, da ciência moderna e dos ensinamentos esotéricos.

A mente é formada por vários departamentos, várias camadas: mente consciente, mente subconsciente, inconsciente e mente superior, ou superconsciente. Existem várias interpretações e nomenclaturas para esses departamentos e suas funções. Quando aprendemos a usar todas as camadas da mente em nosso benefício, e eliminamos o que precisa ser eliminado, começamos a sentir mais felicidade, mais abundância e mais conexão com o todo.

Vamos definir a nomeclatura e a funcionalidade que usaremos como base, para melhor esclarecer nosso presente trabalho:

1. **Mente consciente.** É onde habita o raciocínio. A mente consciente lida com a experiência humana comum, o mundo tridimensional da atividade física, emocional e mental, por meio da fala, de imagens, da escrita, dos movimentos e pensamentos. É com ela que nos comunicamos com o mundo interior e exterior. A mente consciente é criativa; ela se renova, compreende, estuda, analisa e projeta.

2. **Mente subconsciente.** É responsável por nossas memórias de longo prazo, nossas emoções e hábitos, e também pelas nossas crenças. O subconsciente se refere ao que está por trás ou por baixo da consciência; podemos dizer que é a nossa consciência automatizada, as coisas que aprendemos por repetição, como andar de bicicleta, dirigir carro, tocar um instrumento, aprender uma língua. Na mente subconsciente estabelecemos padrões positivos ou negativos baseados nas situações vividas, nas influências que recebemos de outras pessoas e do meio onde vivemos. É a nossa biblioteca, nosso arquivo. Quando acreditamos que não estamos capacitados a fazer alguma coisa ou que não merecemos ter algo, é porque temos arquivada, na nossa biblioteca

pessoal, uma experiência que nos leva a acreditar nisso. Esse acervo de crenças, experiências passadas e traumas, que todas as pessoas possuem, encontra-se no subconsciente. A partir dele nossos comportamentos são formatados. O subconsciente, portanto, é uma camada da mente que precisa ser acessada e observada; é onde precisamos trabalhar para mudar nossa forma de pensar, de sentir, de ser e de estar no mundo; é onde podemos (e devemos) fazer uma reprogramação.

Nossa mente consciente e nosso subconsciente estão em constante comunicação. Para trabalhar os padrões limitantes que guardamos no subconsciente, precisamos observá-los e tomar consciência deles, para então modificá-los. O significado das interações com o mundo (seja em sentimentos, emoções, imaginação, sensações ou sonhos) é filtrado pelas nossas crenças e hábitos. Existem algumas técnicas eficazes para trabalhar o nosso subconsciente; mais adiante abordaremos algumas delas.

3. **Mente inconsciente.** O inconsciente é a camada mais profunda da mente; ele guarda aquilo de que não temos consciência – refere-se à não consciência. A mente inconsciente é instintiva e está relacionada ao nosso cérebro mais primitivo, o reptiliano, cuja função é garantir a sobrevivência. O inconsciente controla nosso sistema imunológico (que garante a nossa saúde), o sistema nervoso autônomo (batimentos cardíacos, digestão, respiração, temperatura etc) e o nosso instinto de sobrevivência (as reações de lutar ou fugir). O inconsciente recebe impulsos do subconsciente e do consciente; ele se comunica com a inteligência celular, gerenciando os hormônios, a saúde dos nossos órgãos e a cura.

4. **Inconsciente coletivo.** Jung distinguiu o inconsciente pessoal do inconsciente coletivo. No caso da nomenclatura que estamos usando aqui, seria o subconsciente pessoal e o inconsciente coletivo, a biblioteca de informações que soma os arquétipos, padrões mentais e crenças, ou seja, as formas simbólicas da experiência da humanidade, independentemente da cultura. O inconsciente coletivo complemen-

ta o inconsciente pessoal e muitas vezes se manifesta nos sonhos. Dessa forma, enquanto alguns sonhos têm caráter pessoal e podem ser explicados pela experiência individual, outros apresentam imagens impessoais e estranhas, que não são associáveis a conteúdos da história do indivíduo. Esses sonhos são produtos do inconsciente coletivo, que, nesse caso, atua como um depósito de imagens e símbolos, que Jung chamou de arquétipos.

5. **Mente superior ou superconsciente.** É intuitiva e lida com o desenvolvimento transpessoal, com outras dimensões da existência, com as impressões que vêm do mundo das ideias mais nobres, da percepção, da visão e compreensão espiritual. Quando desenvolvida, é capaz de acessar o campo magnético universal e compreender-se como parte dessa unidade abrangente. Está relacionada à quinta dimensão da existência, aquela que vai além do mundo material.

Como, nesta sessão, estamos analisando o poder dos padrões repetitivos que formam nossas crenças limitantes, causando sofrimento e nos impedindo de ser quem somos em essência, vamos focar primeiramente na mente subconsciente.

De acordo com Joseph Murphy (1898-1981), autor do livro O Poder do Subconsciente, é possível transformar a vida ao mudar o nosso jeito de pensar, por meio de técnicas revolucionárias que hoje estão sendo amplamente divulgadas e praticadas pelos trabalhos de coaching, programação neurolinguística, medicina quântica etc.

A programação neurolinguística foi desenvolvida nos anos 70 pelo psicólogo John Grinder e o escritor Richard Bandler, nos EUA. De acordo com eles, todo ser humano possui três grandes pilares, que são os processos neurológicos, a linguagem e o comportamento. Caso o indivíduo incorpore, interconecte e foque esses conceitos em prol de um único objetivo, é possível que ele alcance sua meta.

O domínio desses três pilares constrói um mindset, a maneira como a pessoa pensa, usa a linguagem e se comporta. Ter um mindset positivo faz toda a diferença nos resultados profissionais e pessoais. Por isso, é importante trabalhar os processos mentais, as crenças limitantes e sabotadoras; saber como controlar a mente e estimular o pensamento positivo; usar uma linguagem proativa e positiva; manter comportamentos que se afinem com os pensamentos; e, acima de tudo, manter sentimentos positivos como gratidão, apreciação, amor incondicional – os sentimentos que habitam o coração, nosso chakra cardíaco.

Conexão entre mente e coração: coerência nas nossas atitudes

Porém, apenas o uso do pensamento positivo voltado para um objetivo ou um desejo não muda nossa forma de pensar, sentir e agir – logo, não mudará nossas experiências. É preciso mais do que isso; é preciso um trabalho conjunto entre mente e coração, além de uma limpeza nos porões do subconsciente, onde se encontram as causas da maioria dos nossos sofrimentos e limitações.

O que é o sofrimento? Nós sofremos quando nos identificamos com aquilo que não somos. Sofremos quando nos apegamos a uma forma, uma ideia, uma pessoa, um desejo, quando nos identificamos com as crenças que nos limitam. Sofremos quando agimos sem consciência, sem respeito, e quando atraímos situações desagradáveis com o poder do nosso pensamento. Sofremos quando somos impulsivos, ignorantes, quando criamos desarmonia e caos à nossa volta. Sofremos quando reagimos às situações que a vida nos apresenta, em vez de aceitá-las com uma atitude proativa. Sofremos quando não agimos de acordo com a nossa integridade, quando desconhecemos a nossa luz interior e a verdade do coração. Sofremos quando negligenciamos nossa essência, nos distanciamos da nossa alma e descuidamos das nossas necessidades vitais e espirituais. Sofremos quando não nos nutrimos com a sabedoria, nos seus vários níveis.

Para que o ser humano transcenda o sofrimento, expanda o coração e desenvolva uma mente plena, é necessário que observe a si mesmo, silencie a mente tagarela, desvende quem ele é em essência e se liberte de padrões mentais e emocionais limitantes, que herdou e acumulou nos porões do subconsciente.

É necessário que respeitemos nossas necessidades físicas, emocionais e mentais essenciais, nutrindo esses corpos com o que eles realmente precisam para funcionar com saúde e harmonia. É preciso nutrir nossas células e nossos campos e centros energéticos com amor, abundância e a sabedoria que está disponível no campo magnético que nos permeia – que permeia todo o universo. Podemos chamá-lo de campo magnético universal, de energia cósmica criadora, de Deus: a energia responsável pela existência.

Mas como observar a nós mesmos de forma real e eficiente, que leve a desvendar nosso bloqueios mais arraigados? Na próxima sessão usaremos uma analogia que pode ser muito útil.

Padrões: como reciclar o lixo interno

Gosto de usar uma analogia para nos ajudar a perceber, observar, transformar e nos libertar dos padrões limitantes. Podemos compará-los com o lixo que produzimos em nossa vida diária.

Há muito sabemos da importância do descarte seletivo dos resíduos sólidos e orgânicos que produzimos individualmente e coletivamente. A recomendação é separar o lixo orgânico, os itens recicláveis e o lixo comum, que não serve para nada. Também é preciso minimizar o consumo, para reduzir cada vez mais o "lixo comum", pois os lixões estão cada vez mais saturados pelo planeta afora. Da mesma forma está o inconsciente coletivo, saturado com o lixo mental humano, que não serve para nada.

O mundo está repleto de lixo em vários níveis. Estamos intoxicados por resíduos mentais e emocionais, assim como por toxinas físicas. No último século nossa civilização produziu lixo em excesso, e os seres humanos se perderam em meio a ele. Mas felizmente muitas pessoas estão empenhadas em fazer uma limpeza em si mesmas e no planeta. Às vezes é necessário atingir o caos ou passar por um conflito para reencontrar a harmonia. É o que chamamos de harmonia através do conflito; essa é a energia que rege a humanidade, a energia do Quarto Raio, como ensina o mestre Tibetano DK, nos livros escritos por Alice Bailey.

Além de produzir montanhas de lixo com nosso consumismo, também criamos e armazenamos montes de lixo interno, produto de nossos condicionamentos, traumas, emoções mal resolvidas, coisas que guardamos e carregamos pela vida, apesar de elas servirem apenas para entulhar o nosso subconsciente. Durante a vida, produzimos e armazenamos lixo interno de várias naturezas:

Lixo orgânico

O lixo orgânico são aspectos do nosso ser que nos incomodam, mas que podem ser transformados em húmus fértil para a germinação de novas sementes. São aqueles hábitos que precisamos separar, revirar, regar e observar, para que não entrem em putrefação ou se solidifiquem. É como um processo de compostagem: devemos acompanhar de perto o seu processo de transformação, com disciplina e observação constante. Trata-se de comportamentos observáveis, que incomodam outras pessoas e podem ser modificados com o exercício da auto-observação, disciplina e atenção constantes. Esse tipo de lixo requer um processo de transformação relativamente fácil. Exemplo disso são os hábitos de falar alto demais, de falar muito, de comer a toda hora, de comer mais do que o necessário para nos manter saudáveis, de reclamar de tudo, etc.

Lixo reciclável

São aspectos do nosso ser que incomodam e ocupam muito espaço no subconsciente, impedindo que o novo se manifeste; apesar disso, somos muito apegados a eles. Esse tipo de lixo é mais difícil de reconhecer e processar. Sua reciclagem exige constante auto-observação, atenção, trabalho e desapego. Às vezes esse processo pode ser longo e doloroso. Trata-se de bagagens que adquirimos num passado longínquo, na primeira e segunda infâncias, mas que nosso pequeno ego ainda guarda, por acreditar que essas bagagens podem ser úteis caso apareça uma situação semelhante àquela vivida no passado.

Armazenamos nosso lixo reciclável como fantasmas num porão – o subconsciente – e na maior parte da vida nos esquecemos dele, até que alguém ou alguma situação aperta um gatilho e nos leva a visitar o porão novamente. Então esse lixo reaparece, nos perturba e derruba: podemos reagir desproporcionalmente a uma situação, ficar desestruturados, inseguros, com medo, cair em depressão e até mesmo adoecer.

Nosso lixo reciclável é formado por padrões repetitivos, condicionamentos, traumas, medos e inseguranças que adquirimos desde os primeiros dias de vida (inclusive durante o parto), e pelas couraças, máscaras e muletas que desenvolvemos para conseguir caminhar em nossa vida social. Alguns exemplos disso são o medo da rejeição, do abandono, da traição; complexos de culpa, mágoas e ressentimentos; medo da escassez; ansiedade; vitimismo; complexo de inferioridade; complexo de superioridade; sentimento de fracasso; autossabotagem; sentimento de ser feio ou inadequado; orgulho, inveja, intolerância, vaidade etc.

Muitas vezes queremos mudar esses padrões, mas não conseguimos; na maioria dos casos buscamos um terapeuta para nos ajudar a identificá-los e nos libertar de suas influências. Mas existem também muitas técnicas e práticas que podemos desenvolver sozinhos, para alcançar nossa cura mental, emocional e física.

Para lidar com nosso lixo reciclável podemos utilizar algumas técnicas terapêuticas, praticar a meditação e a consciência plena, lançar mão do Eneagrama, que ajuda no autoconhecimento, da Constelação Familiar, do renascimento através da respiração, fazer leituras astrológicas, usar o ThetaHealing, o Ho'ponopono, o Reiki, a reprogramação da mente, a hipnose e a liberação da energia estagnada nos nossos vórtices de energia, os chakras. Muitas dessas práticas e terapias devem ser acompanhadas por psicólogos ou terapeutas holísticos, e serão mais detalhadas nas próximas páginas.

Desde já, algumas atitudes que você pode tomar são:

- Praticar a meditação reflexiva, que ajuda no autoconhecimento e na identificação dos padrões que carregamos. Meu livro Vivências em Meditação (Ed. Totalidade, 2002) traz algumas técnicas que ajudam a observar as emoções, os sentimentos e os pensamentos, e a identificar o que está por trás deles.
- Reconhecer os padrões que servem apenas para nos impedir de ser felizes; em seguida, através de um processo de limpeza e de substituição por afirmações, usando o poder da vontade, buscar ajuda para transformá-los em algo novo.
- Desapegar-nos dos padrões e devolvê-los ao universo, para que se transformem em energias positivas. Pode parecer muito simples, mas esse é um processo que exige uma grande capacidade de desapego e de mudança interna: de casulo para borboleta. Poucas pessoas conseguem desenvolver esse desapego sozinhas.

Lixo inorgânico (comum)

Estes são os aspectos internos que não servem para nada, nem mesmo para a reciclagem. Trata-se das reações impulsivas, das nossas "picuinhas" e acessos de raiva, irritação, manha, agressividade, impaciência, caprichos, incompreensão, rabugice, carência, falta de consideração, teimosia, o hábito de culpar os outros e a incapacidade de escutar. Esses são dejetos dos lixos recicláveis que abordamos acima. Por exemplo: se temos um padrão limitante de medo de rejeição, tendemos a não nos expressar, a não exercitar nosso poder pessoal; em contrapartida, nos tornamos intolerantes e rabugentos. Se temos um padrão subconsciente de punição violenta na infância, vamos reagir aos gatilhos que julgamos ser de punição com incompreensão e agressividade. Despejamos esses dejetos em cima dos outros por ignorância, por não querer mudar ou por acreditar que é mais fácil simplesmente colocar todo o lixo num mesmo saco e descarregá-lo no mundo. Entretanto, ninguém tem vocação para ser um depósito de dejetos alheios; se continuarmos a despejá-lo, acabaremos por afastar as pessoas.

O lixo inorgânico gera muito mal-estar. Esses padrões repetitivos não estão no porão, mas na cozinha, debaixo da pia, dentro da geladeira, nos armários, no cesto do banheiro, na porta de casa, no meio da rua, no local de trabalho, no trânsito, na política. Nós topamos com ele a todo momento e não podemos culpar ninguém, pois é o nosso próprio lixo. Fomos nós que o produzimos. Somos nós que temos que lidar com ele e dar-lhe o devido fim. Se não fazemos isso, nós nos intoxicamos com a poluição que produzimos para nós mesmos e para os outros, e causamos mal ao meio em que vivemos.

O que devemos fazer com o lixo inorgânico? Em primeiro lugar, tomar consciência dele. Depois, separá-lo em seus devidos compartimentos. Então, reduzir a produção de lixo. Não interessa se gritamos com os outros porque temos um trauma de infância. O trauma da infância é um reciclável que está no porão e precisa ser processado. Enquanto processamos esse aspecto, devemos, com o poder da vontade, encontrar disciplina suficiente para respirar profundamente e parar de gritar.

Para lidar com o lixo inorgânico é preciso muita atenção ao dia a dia. Muitas vezes é necessário observar a emoção que gera o lixo, para poder transmutá-la. Enquanto não a transmutamos, temos que engolir em seco e simplesmente deixar de despejá-la em cima dos outros. A lei da ação e reação não falha – tudo sempre acaba voltando para nós, como um bumerangue.

Também é importante estar atento para não ser usado como depósito de lixo de ninguém. Podemos ajudar os outros a processar seu lixo orgânico e reciclável; é um processo que pode ser rico e produtivo para todos. Mas, se observarmos que alguém está nos usando como cesto de lixo, o que temos a fazer é alertar a pessoa sobre suas atitudes; em último caso, nos desapegarmos da relação, reciclá-la, desejar que a luz ilumine essa pessoa e que ela consiga reciclar o seu próprio lixo.

Servir de depósito de lixo dos outros faz mal para a tireoide – é engolir sapo, é perder a autenticidade em relação a nós mesmos e ao outro. Receber o lixo dos outros não ajuda nem a eles nem a nós. Precisamos criar relações equilibradas e proativas. A melhor forma de amar o próximo é ajudar a pessoa a identificar seu próprio lixo de forma empática, compassiva e amorosa, o que a ajudará a se libertar.

Quando conseguimos lidar com nosso lixo, identificando, aceitando, organizando, descartando e reciclando, abrimos lugar para o novo em nossa vida. Limpamos os canais nadis, onde o prana – a energia universal – circula em nosso ser; limpamos os nossos chakras, expandindo o chakra cardíaco para que ele se torne um centro resplandecente de expressão do amor e da beleza. Assim, somos capazes de equilibrar as funções do nosso organismo físico, emocional e espiritual.

Lidar com o nosso lixo de forma inteligente nos conduz à cura. Esse processo contribui para a nossa reeducação.

Além do nosso processo individual, é necessária uma conscientização global, pois já entramos na era da expansão da consciência grupal, e precisamos do empenho da humanidade para vislumbrar o início da sua cura como espécie. Essa cura só acontecerá com a reeducação do ser humano e a educação das novas gerações dentro dessa sabedoria.

Como diz Eckhart Tole, "antes a expansão da consciência humana era um luxo e uma busca de poucos. Hoje se tornou uma necessidade para que possamos continuar sobrevivendo na Terra."

Que possamos fazer a nossa parte, nos libertando dos nossos fantasmas. E, como multiplicadores de uma nova consciência, educadores das novas gerações, trabalhemos para que as crianças aprendam desde cedo a ouvir seu coração, a educar a sua mente, a ouvir o conhecimento nato que se encontra arquivado no seu eu sábio.

Para que a vida tenha continuidade na Terra, é necessário que um despertar massivo aconteça. Que mais e mais pessoas reconheçam sua luz e seu poder de criar uma realidade e um destino mais amoroso e pacífico para si mesmo, para as pessoas em sua volta, para a humanidade e todas as outras espécies.

Técnicas para reprogramação do consciente e do subconsciente

Para trabalhar os padrões limitantes, o primeiro passo é perceber quais emoções e pensamentos repetitivos perambulam com frequência na sua mente e no seu ser, impedindo que você realize seus sonhos, que seja quem realmente você é e que tenha a vida que almeja.

Como vimos, uma técnica que ajuda a reconhecer os padrões repetitivos é a observação diária constante dos pensamentos e das emoções, e a prática da meditação reflexiva.

Como fazer essa observação diária? Prestando atenção aos pensamentos que se repetem no dia a dia, às reações que temos nas situações que a vida nos apresenta e em nossas relações com as pessoas próximas, no trabalho ou mesmo na rua. O que nos faz reagir com raiva? O que nos estressa? O que nos intimida? A observação dos nossos pensamentos e emoções nos mostra como estamos vivendo. A partir da percepção e da transmutação desses padrões, começamos um processo de libertação e podemos conhecer quem somos em essência.

Meditação reflexiva

Façamos agora um exercício de meditação reflexiva para compreender esse processo. Tenha à mão papel e caneta para anotar os resultados desse exercício de alinhamento dos corpos físico, emocional e mental.

Procure um lugar tranquilo; sente-se confortavelmente em silêncio.

- Corpo físico: feche os olhos e observe seu corpo; "escaneie-o" com a mente. Existe alguma tensão ou dor? Respire vagarosamente enquanto o observa. Perceba-o. Anote qualquer desconforto: dor de cabeça, dor nas costas, ombros ou pernas. Respire profundamente e coloque a atenção no desconforto. Ao expirar, sinta essa parte relaxando. Repita esse processo algumas vezes. Respirando vagarosamente, faça movimentos circulares com a cabeça, para relaxar o pescoço, e movimentos circulares com os ombros, até sentir o corpo mais relaxado.

- Corpo emocional: montinue a atenção na respiração. Inspire vagarosamente pelas narinas, enchendo o pulmões e expirando pela boca. Observe como está seu corpo emocional. Que emoções você sente nesse momento? Ansiedade, irritação, raiva, medo, culpa, ressentimento, serenidade, alegria, gratidão? Anote as emoções, sem julgamento. Continue inspirando e expirando profundamente, procurando acalmar as emoções e pensando: nada importa neste momento.

- Corpo mental: permita-se ficar no momento presente e observe a sua mente. Que pensamentos insistem em perambular ali? Cada vez que um pensamento vier à sua consciência, anote de que tipo ele é: preocupação com o futuro próximo; julgamento sobre você mesmo ou sobre outras pessoas; planos para o futuro; mágoa sobre uma situação do passado. Vá anotando o que vem à sua mente. Depois de alguns minutos, sempre respirando lentamente, procure aquietar a mente, silenciá-la por alguns segundos ou minutos, caso consiga. Tente ouvir o silêncio que existe entre um pensamento e outro.

Agora coloque sua atenção no coração, enquanto respira. Sinta os pulmões se enchendo de ar. Inspire pelas narinas vagarosamente e expire pela boca, soltando o ar com um som de sopro. Tente escutar as batidas do seu coração. Ponha sua mão direita sobre o coração enquanto respira. Sinta-o conectado com a mente por um fio de luz. Tente de novo ouvir o silêncio entre um pensamento e outro. Se algo inesperado, um insight ou uma inspiração vier à mente, anote.

Coloque as duas mãos na altura do coração, em sinal de agradecimento, e procure sentir gratidão por estar cuidando de si mesmo. Experimente sentir compaixão por aqueles que sofrem. Experimente sentir alegria por estar vivo neste momento. Faça mais três respirações profundas, sentido a energia de gratidão se espalhar por todos os seus corpos: físico, emocional e mental. Então, devagar, abra os olhos. Olhe à sua volta. Reconheça a beleza do mundo.

Neste momento, reflita: quais destas crenças ou padrões limitantes fazem parte de sua realidade ilusória: medo de rejeição; de abandono; de fracasso; de escassez (não ter dinheiro suficiente para pagas as contas); medo da solidão; de sentir dor; de ser punido; de ser criticado; medo de perder o controle; vitimização (coitado de mim); reclamação; culpa por algo que ficou no passado; falta de confiança; baixa auto-estima; etc.

Depois de identificar alguns desses medos e padrões, procure ligar a eles as emoções e pensamentos com que eles se identificam.

Por exemplo:

Emoção – ansiedade.
Pensamento – não vou conseguir pagar aquela conta.
Padrão – medo da escassez.

Então reflita: como eram as atitudes dos seus pais em relação à prosperidade? Quando criança, você ouvia muito frases como "não temos dinheiro para isso; temos que economizar; dinheiro é sujo"?

Qualquer que seja a emoção, pensamento ou padrão que você identificar com esse exercício, reflita sobre o lugar de onde isso veio. Que situação do passado registrou uma memória no seu subconsciente, que se transformou num gatilho para as suas atitudes presentes? Anote tudo. Continue a fazer este exercício diariamente, por uma semana, e anote suas observações. Isso pode revelar muito sobre quem você "está", sobre sua persona – que não é o seu verdadeiro ser.

Reconhecendo padrões limitantes

O ponto de partida para trabalhar nossos padrões limitantes é identificá-los e refletir sobre situações que aconteceram no passado e que nos levaram a criar (e a acreditar) nesse padrão.

Vou dar uma exemplo pessoal. Dos sete aos treze anos eu estudei num colégio católico muito conceituado, em Recife. Era uma instituição austera, onde as famílias mais ricas da cidade colocavam sua filhas. Tratava-se de usineiros, empresários, políticos (como o governador), famílias tradicionais pernambucanas. Mas eu não pertencia a essa classe social, nem vinha de uma família rica. Meu avô, com a intenção de me oferecer uma educação excelente, fez um sacrifício para pagar meus estudos nessa instituição. Porém, minha professora do primeiro ao quarto ano, Dona Tereza, era muito jovem, não tinha experiência em psicologia, não tinha empatia nem compaixão; pelo contrário, demonstrava preconceito contra as poucas meninas que não eram da "nata da sociedade". Ela protegia as meninas ricas que tinham benesses a oferecer, como carros com motorista à disposição. Nós, que não tínhamos nada de material a oferecer em troca de sua proteção, éramos relegadas ou perseguidas e punidas; sofríamos bullying e humilhações por parte da professora e das meninas ricas. Eu ainda era filha de pais separados, o que naquela época era um tabu. Então me sentia rejeitada, e isso ficou armazenado no meu subconsciente como uma necessidade de agradar a todas as pessoas, para evitar a rejeição; passei a não falar a minha verdade e a engolir sapos para evitar conflitos.

O medo da rejeição é um padrão muito limitante. Ele pode ser criado por várias situações: rejeição durante a gestação (a mãe não queria ter um filho naquele momento), rejeição por parte do pai ou da mãe, dos colegas da rua onde mora, da escola, rejeição por parte de um irmão ou irmã mais velha, rejeição pela sociedade (pela cor da pele, tendência sexual, religião, classe social, posição política dos pais), rejeição pela aparência (fora dos padrões de beleza vigentes, muito gordo, muito magro, com deficiência física).

Até os sete anos armazenamos essas situações, e a carga emocional atrelada a elas, em nosso subconsciente. Gradativamente vamos formando uma biblioteca de padrões limitantes, que controlarão nossa vida na fase adulta. A sociedade estabelece normas muito cruéis para as almas inocentes, que encarnam no planeta cheias de luz, saúde e criatividade. Essas normas conseguem provocar um apagão na nossa luz, criar doenças muitas vezes crônicas e embotar nossa criatividade. A joia de nossa existência, nosso potencial, nosso brilho, acaba sendo soterrado por camadas espessas de lixo. É necessário fazer um trabalho intenso de escavação para nos libertar desses limites e revelar a pedra preciosa em nosso interior, a partir da nossa alma que brilha.

Como nos libertar desses limites?

Uma das formas de trabalhar os padrões limitantes do subconsciente é substituir o que reconhecemos como crenças limitantes por afirmações positivas capazes de neutralizar o efeito desses padrões.

Essas técnicas tem sido amplamente usadas desde a década de 60 e são eficazes. Depois de trazer à consciência esses padrões, podemos substituí-los por afirmações positivas; por exemplo, trocar "não tenho dinheiro suficiente" por "eu sou parte da abundância do universo". Mas este é um processo lento, pois a afirmação pode ficar apenas no nível da mente consciente, sem um sentimento atrelado a ela; dessa forma, não é realmente eficaz. Para que uma mudança dos padrões do subconsciente realmente aconteça, é necessário que esteja embasada e conectada à uma emoção verdadeira no coração. É preciso sentir no coração para que o comando venha dos neurônios do coração, em conjunção com ondas theta e alpha. Mas como podemos fazer isso?

A seguir vamos abordar algumas técnicas que ajudam a fazer uma limpeza dos padrões limitantes, para alcançarmos a libertação e caminharmos em direção à realização como os seres de luz que somos.

Cura quântica

A cura quântica é baseada na física quântica, que se tornou conhecida há cem anos e vem vagarosamente abrindo mais espaço entre os cientistas, desde a colaboração entre Albert Einstein e Niels Bohr, no início do século XX. A física quântica diz que tudo na vida é resultado da energia, inclusive a matéria. Albert Einstein, com sua fórmula E = mc 2, sustentou que podemos manipular a energia e criar a matéria. Como tudo é energia, facilmente compreendemos que basta alterar a energia para ver resultados no mundo físico.

De acordo com a Teoria Quântica, vibração molecular é a capacidade das moléculas de um corpo vibrarem a uma frequência alta o suficiente para passar através das moléculas de um outro corpo, ou seja, atravessar objetos sólidos.

Somos seres de luz que emitem uma certa frequência; nossas moléculas vibram em ressonância com o que pensamos e sentimos.

Podemos falar ainda sobre a inteligência celular, que reside em todas as áreas do nosso corpo. Trata-se de um sistema formado por interconexões; suas partes físicas são todas interdependentes. Existe uma sabedoria maior no controle de tudo, que pode influenciar as funções e o funcionamento de todas as células, interferindo na qualidade da saúde física, mental e emocional. A essa inteligência damos o nome de mente, que é o habitat da alma e dos sentimentos, que nos conecta ao espírito, à luz que permeia o nosso ser e que é imortal, que transcende a vida e se funde à energia universal da qual somos parte.

Somente a consciência portadora da luz do coração elevará o corpo sutil para os domínios superiores.

(Do livro *Coração*, Agni Yoga, Ed. Fundação Avatar)

Segundo o endocrinologista, escritor e palestrante Deepak Chopra, "nós somos as únicas criaturas do planeta que podem modificar a própria biologia através dos pensamentos, sentimentos e intenções. As nossas células estão constantemente espionando nossos pensamentos e sendo modificadas por eles. Quando nos apaixonamos, pensamentos positivos percorrem o nosso corpo e fortalecem o sistema imunológico. Por outro lado, pensamentos sombrios e sentimentos depressivos podem nos deixar vulneráveis a doenças."

A cura quântica reune várias técnicas de terapia, como a reprogramação mental (controle do poder da mente), técnicas para a conexão entre o coração e a mente, reiki, cura prânica, medicina chinesa, shiatsu, acupuntura, mindfullness, programação neuroliguística, ThetaHealing, técnicas de libertação emocional, ho'ponopono e outras, onde são utilizadas energias sutis no processo de reequilíbrio energético.

Essas técnicas promovem o desbloqueio de energias estagnadas; melhoram o sistema imunológico; eliminam ou minimizam o estresse; reequilibram os chakras e outros centros energéticos; promovem o relaxamento profundo; ajudam no desbloqueio emocional e energético, na desintoxicação e eliminação de substâncias prejudiciais à saúde; aumentam a energia vibracional do corpo; harmonizam todos os corpos; diminuem ou eliminam dores físicas e emocionais.

Conexão entre o coração e a mente

O filósofo grego Aristóteles (384-322 A.C.) acreditava que o coração era o centro da inteligência, e que o cérebro era apenas uma espécie de "radiador" que servia para esfriar o sangue superaquecido pelo coração. O temperamento racional era, então, explicado pela capacidade de resfriamento do cérebro.

Descartes afirmou que o cérebro controla os comportamentos humanos apenas na medida em que eles se assemelham aos dos animais. As capacidades mentais existiriam fora do cérebro – na mente. Ele acreditava que a mente era uma entidade espiritual que recebia sensações e comandos de movimentação através da comunicação com a máquina cerebral, por meio da glândula pineal.

Os estudos de Charles Darwin sobre a evolução estabeleceram o palco para a observação sistemática da ação e do comportamento. Esse novo enfoque originou a psicologia experimental – o estudo do comportamento humano sob condições controladas.

As novas tecnologias de exames desenvolvidas nas últimas décadas tornaram possível a visualização das estruturas cerebrais no ser humano vivo. Cada um desses territórios neurais foi mapeado, por muitos métodos experimentais, de acordo com sua capacidade de desempenhar funções específicas. Como resultado, a ideia de que as diferentes regiões do cérebro são caracterizadas por diferentes funções é, atualmente, aceita como um dos pilares da neurociência.

O estreito vínculo entre a mente e o corpo – mais especificamente entre o cérebro e o coração – foi objeto de um estudo de grande relevância liderado por Stefan Koelsch, do Instituto Max Planck de Ciências Cerebrais e Cognitivas, na Alemanha. O grupo de cientistas se propôs a analisar a personalidade emocional das pessoas e descobriu que ela está "impressa" no coração.

Cada um de nós tem uma personalidade emocional; ela provoca experiências físicas como palpitações, lágrimas, respiração ofegante, dependendo das circunstâncias que vivemos. Algumas pessoas se emocionam facilmente com uma música triste, outras com a formatura de um filho, com um casamento; outras pessoas são mais controladas e racionais durante esses eventos cotidianos.

Com seus experimentos, o grupo alemão concluiu que o funcionamento normal do nosso coração, fora de qualquer evento extraordinário, reflete essa personalidade emocional. Para chegar a essa conclusão eles criaram um indicador quantitativo da atividade cardíaca, medida por meio do eletrocardiograma, calculando um índice que chamaram E_k, estimado a partir do tamanho das diferentes ondas do elétron.

Esse experimento concluiu que todos nós temos uma "assinatura cardíaca" da personalidade. Assim, a forma como o nosso coração funciona em situações normais representaria, por si só, um marcador capaz de descrever nossos traços emocionais.

Quando o cérebro e o coração estão em sincronia energética, a pessoa dispõe de mais inteligência e intuição – a chamada inteligência emocional.

Essas e outras pesquisas científicas recentes nas áreas de neurociência e de cardioenergética demonstram que o coração possui características singulares e surpreendentes, que abrem caminhos para uma atuação pessoal e profissional mais criativa, produtiva e saudável.

De acordo com o Instituto HeartMath, dos EUA, no coração há um sistema nervoso independente, com cerca de 40 mil neurônios: o cérebro do coração. Essas células pensam independentemente do cérebro. Não precisam de um comando cerebral para fazer o coração pulsar. Está comprovado também, em estudos sobre transplantes de coração, que este órgão tem memória; quando transportado para uma outra pessoa, muitas vezes ela tem memórias do doador do coração.

O complexo neuronal do coração gera uma inteligência própria, diferenciada e altamente intuitiva, que processa informações e envia sinais para o sistema límbico e o neocórtex – a área do cérebro responsável pelo pensamento e o raciocínio.

O coração envia sinais emocionais, sinais intuitivos e sentimentos que nos ajudam a governar a nossa vida, pois promovem o alinhamento de muitos sistemas do corpo, de modo que eles funcionem em harmonia uns com os outros. Ele envia, por exemplo, sinais para o cérebro, que por sua vez manda mensagens para o sistema endócrino informando quais hormônios devem ser secretados em resposta ao que sentimos. Quando nos sentimos ameaçados, com medo, o coração envia uma mensagem, através de seus neurônios, para os neurônios do cérebro, que ordena que as glândulas suprarrenais secretem adrenalina no sangue – uma característica da situação "lutar ou fugir".

Veremos agora como podemos ajudar esse processo de conexão entre o coração e a mente, para, dessa forma, enviar novos comandos para o nosso subconsciente.

De acordo com o cientista e conferencista Gregg Braden, uma técnica eficaz para acessar o subconsciente é a harmonização entre o coração e o cérebro. Ele sugere que coloquemos a mão no coração. Quando fazemos isso, nossa atenção vai para onde colocamos a mão. Em seguida, recomenda que foquemos no ritmo da respiração, tornando-a lenta e profunda. Isso envia uma mensagem ao cérebro e ao corpo: estamos em segurança. Quando nos sentimos seguros, hormônios de serenidade são secretados e a bioquímica responsável pela adrenalina e o cortisol deixa de acionada. Resumindo, quando colocamos a mão no coração e controlamos a respiração, podemos perguntar ao coração que decisão devemos tomar sobre uma questão.

A harmonização entre o coração e o cérebro favorece o desenvolvimento das nossas supercapacidades. O cérebro e o coração compartilham uma rede de neurônios interligados, que permite o acesso às informações da mente superior, da alma, da intuição; podemos então pensar com clareza, tomar decisões com coerência e resolver melhor os problemas.

Dessa forma, a harmonização do coração com o cérebro abre as portas para o subconsciente – ela serve como uma passagem para o subconsciente. Nós não precisamos fazer hipnose nem entrar num estado alterado de consciência.

No cérebro existe uma polaridade: o hemisfério direito e o esquerdo, o racional (onde o ego tem controle) e o intuitivo, sensível. Quando perguntamos à mente que decisão tomar em determinada situação, geralmente perguntamos à nossa polaridade racional; podemos ficar confusos e vulneráveis com as respostas que recebemos. O coração, no entanto, não tem polaridade.

Nós somos seres com capacidade de autocura: podemos curar os padrões do nosso subconsciente e os nossos desequilíbrios físicos, emocionais e mentais.

Até os sete anos de idade, contados desde o período do útero, nós somos como esponjas; absorvemos tudo o que acontece no nosso meio. Este período é chamado de estado hipnótico. Não temos filtros nem critérios sobre o que absorver, mas temos imaginação para criar histórias a partir de nossa interpretação da realidade. Esse conjunto de informações (traumas, mágoas, medos, alegrias, apreciação, gratidão) fica armazenado na nossa biblioteca subconsciente e pode ser acionado na fase adulta por um gatilho, pronto para disparar em forma de reação a situações que remetam às memórias inconscientes.

Reprogramação através das ondas cerebrais

Nosso cérebro funciona em frequências de onda que podem ser medidas por neurofeedback, cujo objetivo é monitorar a variação elétrica na superfície do crânio. A partir de 1930, pesquisas sobre as ondas do cérebro começaram a ser feitas para verificar o que acontece nesse órgão quando estamos em vigília, relaxados, cochilando, dormindo ou meditando. A seguir vamos mostrar as frequências básicas de funcionamento

do cérebro: ondas gamma (30-70Hz), ondas beta (13-30Hz), ondas alpha (8-13Hz), ondas theta (4-8Hz) e ondas delta (1-4Hz).

- Ondas Delta – são ondas lentas, com frequências entre 1Hz e 4 Hz. Este ritmo é encontrando durante o sono mais profundo. Quanto maior a porcentagem de ondas delta no cérebro, mais profundo é o sono. Em estados meditativos praticamente não há ondas delta; elas só são encontradas em praticantes extremamente experientes.
- Ondas Theta – têm frequências entre 4Hz e 8 Hz; estão associadas a estados hipnóticos, emoções, sonhos e o sono REM, que acontece durante o descanso profundo, quando temos liberação de hormônios. Estudos mostram que essas ondas se relacionam à memória de curto prazo. Trata-se de um estado difícil de estudar, pois não é possível ter controle dele por longo tempo sem que a pessoa adormeça.
- Ondas Alpha – são definidas pelas frequências de 8Hz a 13 Hz e ocorrem durante a atenção plena, a meditação e as atividades criativas, quando o cérebro está focado num estímulo sensorial visual, tátil ou sonoro. O estado de consciência alpha é geralmente associado a processos imaginativos, em estado de relaxamento ou de meditação. Relaciona-se ao fechamento dos olhos e está associada à saúde mental. Estudos realizados com praticantes de Hatha Yoga demonstram que eles alcançam as ondas alpha por meio da concentração em uma única postura corporal, por um longo período de tempo.
- Ondas Betha – variam entre as frequências de 13Hz a 30Hz; são detectadas quando estamos em estado de vigília, usando a mente racional. São também associadas a emoções fortes, como medo, raiva, ansiedade, alerta, atenção seletiva, concentração e antecipação.
- Ondas Gamma – definidas por frequências entre 30Hz e 70Hz, são as ondas de maior frequência, relacionadas ao processamento de estímulos visuais, táteis e auditivos. Estão presentes o tempo todo em nossa mente, mesmo quando estamos dormindo. Relacionam-se às lembranças visuais. Quanto maior a frequência gamma, mais rápido é possível se lembrar de algo e mais informações podem ser guardadas na memória de curto prazo. Estão relacionadas também à meditação.

Pesquisas demonstraram que os sentimentos de amor e as atitudes de gentileza alcançadas pelos praticantes de meditação budista são uma autoindução de ondas gammas de alta amplitude, com perfeita sincronização entre elas. Os praticantes dessa meditação são levados a um estado de amor profundo por todos os seres.

- Ondas Talfa – são um novo grupo de ondas alpha, reconhecido há apenas alguns anos. Este estado é conhecido como Mu ou Talfa; está associado a uma mente saudável, quando induzido por vontade própria. Algumas pesquisas revelam que a atividade talfa pode ajudar a controlar o estresse, a raiva e o ressentimento por traumas no passado. A produção não intencional dessas ondas em longo prazo, de modo descontrolado, é frequentemente encontrada em pessoas que sofrem de desordens de ondas cerebrais lentas, como déficit de atenção, síndrome pré-menstrual, desordem afetiva sazonal, fibromialgia, depressão e síndrome de fadiga crônica.

A seguir vamos falar sobre algumas técnicas que usam o estímulo dessas ondas para conseguir acessar o subconsciente, reprogramar a mente e curar padrões limitantes.

Theta Healing

Essa técnica de cura energética, criada pela norte-americana Vianna Stibal, acessa ondas cerebrais theta, que é capaz de gerar cura para doenças de diversos tipos. A técnica identifica e muda crenças, sentimentos e padrões bloqueadores, criando uma nova realidade para a vida.

São crescentes as evidências científicas de que nossas crenças e emoções negativas geram doenças físicas, mentais e emocionais e nos impedem de realizar o que desejamos para sermos felizes. Precisamos liberar ressentimentos e tristezas antigas, culpas e medos profundos, e resgatar nossa capacidade inata de expressão plena, para poder viver a vida com nosso potencial máximo.

O Theta Healing ensina a desenvolver nossa intuição natural, alterando o ciclo de ondas celebrais beta (características do estado desperto, com a mente concreta no controle) para as ondas theta.

Hipnose clínica

Esta técnica leva as pessoas a um estado de ondas alpha e theta, inibindo o córtex pré-frontal (a mente consciente) e acessando o sistema límbico e o subconsciente. O objetivo é enfraquecer padrões subconscientes disfuncionais, que costumam ser a causa dos problemas emocionais. Dessa maneira, o estado de hipnose facilita o acesso e a reprogramação dos conteúdos do subconsciente, como emoções, memórias, hábitos e vícios.

A hipnose clínica proporciona uma mudança na mente que leva a mudanças de comportamento. Se a programação interna for modificada, também se modificará a forma como ela se relaciona com os sentimentos, o que leva a transformações positivas de comportamento.

Ho'ponopono

O ho'oponopono é uma ferramenta para a cura e a limpeza do chakra cardíaco. Ele ajuda a resolver problemas de estresse e contribui para a retomada do equilíbrio e da paz, além de proporcionar um novo entendimento sobre a vida.

Em havaiano, ho'o significa causar, e ponopono quer dizer perfeição. Ho'oponopono significa "corrigir um erro" ou "tornar certo". Por meio desse sistema você pode encontrar a paz livrando-se daquela discussão mental incessante e desagradável, que costuma acontecer especialmente depois de situações estressantes.

O ho'oponopono permite liberar recordações dolorosas que podem causar desequilíbrios e doenças. Sem os pensamentos se repetindo, sem as crenças limitadoras, sem condicionamentos e lembranças dolorosas, um espaço vazio se abre dentro do ser. À medida que a memória se limpa, inspirações e pensamentos de origem divina ocupam esse vazio. A única coisa que precisamos fazer é limpar as recordações com quatro frases simples, que abrangem tudo:

Sinto muito. Me perdoe. Eu te amo. Eu sou grato.

Essas frases estão relacionadas às quatro joias de Jesus: compaixão, humildade, amor e gratidão.

Lembre-se: um problema é uma memória que repete uma experiência do passado. O ho'oponopono é um apelo à divindade para cancelar as memórias que se repetem na forma de problemas.

Para alguns de nós, perdoar a si mesmo é mais difícil do que perdoar aos outros. É muito importante que nos perdoemos daquilo que nos consideramos culpados. A culpa nos separa da prosperidade e da abundância que está disponível para cada um de nós, como uma dádiva universal. Para nos perdoarmos, usemos o ho'oponopono:

Sinto muito. Me perdoe. Eu te amo.
Eu sou grato a mim mesmo.

Uma das ferramentas utilizadas no ho'oponopono é a "pilastra da paz do eu", uma espécie de feixe de luz divina que desce sobre nós. Visualizamos um cilindro de luz descendo do universo e nos envolvendo. Simplesmente pensando na "pilastra da paz do eu" é possível se colocar automaticamente no campo de irradiação da divindade. Seu ser será totalmente protegido de vibrações negativas. Você pode, então, direcionar a luz divina a qualquer pessoa ou coisa, para harmonizá-la.

Reiki

O Reiki é uma técnica de imposição de mãos sobre partes do corpo, para canalizar a energia vital universal, limpar e reequilibrar os chakras, a fim de restaurar o equilíbrio físico, regularizar suas funções vitais e equilibrar o campo mental e emocional. É uma terapia integrativa reconhecida pela Organização Mundial de Saúde (OMS) e o Sistema Único de Saúde do Brasil (SUS).

A sessão de Reiki pode ser realizada com a pessoa deitada ou sentada. O terapeuta aproxima suas mãos ou toca pontos-chave do corpo, ligados aos sete chakras principais; assim, a transmissão de energia restabelece o fluxo de energético nesses pontos.

Técnicas de Libertação Emocional

Também chamada de Emotional Freedom Techniques (EFT) ou Tapping Therapy, é um conjunto de técnicas que funcionam como uma "acupuntura psicológica", sem o uso de agulhas. Elas ajudam a mudar padrões emocionais e fisiológicos, a liberar medos, traumas, angústias e crenças acumuladas em nossa vida. A EFT opera no balanceamento energético dos meridianos de energia do corpo, descobertos pelos chineses há milhares de anos e utilizados na acupuntura para eliminar sintomas psíquicos e psicossomáticos. Segundo o criador no método, Gary Craig, mesmo sem agulhas pode-se ter o alívio de sintomas.

A EFT utiliza um procedimento de batidas em pontos específicos que se encontram na face e no corpo, restabelecendo o equilíbrio do sistema de energia e neutralizando conflitos emocionais, à medida que permite ao corpo retomar suas habilidades naturais de cura.

Durante as batidas leves nos pontos, a pessoa foca o problema, evento, trauma ou emoção negativa que se deseja tratar. O terapeuta faz o procedimento e o paciente repete o movimento das batidas e as frases de fortalecimento emocional. Bater nesses pontos desbloqueia o fluxo de energia estagnado, trazendo alívio, relaxamento e bem-estar.

Esse desbloqueio de energia pode trazer algum desconforto na primeira sessão, pois ele nos convida a fazer uma autoanálise; ao longo das aplicações, o desconforto desaparece.

Programação Neurolinguística

As palavras que escolhemos e usamos na nossa rotina diária são ferramentas poderosas para criar a nossa realidade.

Tendemos a manter diálogos internos e externos, relembrando situações que vivemos no passado ou projetando expectativas de futuro, que pode trazer medo e ansiedade ou entusiasmo e alegria. Mas vivemos muito pouco no presente, no aqui e agora. Quando dirigimos o carro de um lugar para o outro, por exemplo, a mente tende a se absorver nos pensamentos, preocupações ou expectativas para o futuro; não prestamos atenção no que se passa no caminho: as paisagens, as cores, os movimentos, o céu, as pessoas. Muitas vezes até cometemos infrações de trânsito por viver no passado ou no futuro.

Tradicionalmente, a linguagem dos Hopi, uma nação indígena que habita o nordeste do Arizona, nos Estados Unidos, não usa verbos no passado nem no futuro; os diálogos acontecem sempre no presente. Os hopis, nome que significa "povo da paz", se referem à realidade sem divisões, sem polaridade – eles vivem no aqui e no agora.

O cientista japonês Massaru Emoto demonstrou como determinados sons, palavras, pensamentos e sentimentos alteram a estrutura molecular da água. O experimento consistiu em expor a água a essas forças, congelá-la, fotografá-la e observar os cristais formados. O resultado foi impressionante.

Levando em conta que a maior parte do nosso corpo é constituído por moléculas de água, você já pensou como aquilo que falamos, pensamos e sentimos pode afetar o seu organismo?

Constelação Familiar

A Constelação Familiar é uma terapia sistêmica criada pelo psicoterapeuta alemão Bert Hellinger. Ela vem se difundindo rapidamente por vários países nas últimas décadas, por seu eficiente alcance no acesso a problemas psicológicos no seio familiar – inclusive problemas vividos pelos ancestrais, mesmo os que já morreram. É um método psicoterapêutico que estuda os padrões repetitivos de comportamento através das gerações. Bert Hellinger deparou com esse fenômeno nos anos 70, a partir dos estudos de Virginia Satir, psicoterapeuta norte-americana que analisava as estruturas familiares.

A terapia é feita em grupo, onde o paciente escolhe pessoas para representar sua família. Essas pessoas reproduzem e expressam sentimentos e comportamentos similares aos dos familiares do paciente, sem necessariamente saber algo a respeito dela (na maior parte das vezes, sem saber nada). Esse acesso se dá através do campo morfogenético, conceito desenvolvido pelo cientista Rupert Sheldrake.

Na prática, a Constelação Familiar mostra que muitos dos nossos problemas psicológicos e emocionais, além das doenças e situações desfavoráveis recorrentes deles, podem estar ligados a antepassados e seus respectivos núcleos familiares que passaram pelas mesmas adversidades, mesmo que não os tenhamos conhecido.

Psicossíntese

A psicossíntese é uma linha de psicologia transpessoal fundada pelo psiquiatra italiano Roberto Assagioli, discípulo do mestre DK e contemporâneo de Alice Bailey. Utiliza princípios e técnicas que promovem a consciência pessoal, de forma a proporcionar uma abordagem holística centrada no crescimento e no desenvolvimento humano.

A psicossíntese contribui para o entendimento e a superação dos problemas, a melhoria dos relacionamentos, a compreensão das potencialidades criativas, a participação interior no amplo contexto social e planetário e, ainda, para a busca do significado e da finalidade da vida.

Ela ajuda a reconhecer aquilo que é básico na natureza transpessoal ou espiritual de cada ser humano, sugerindo que o autocontrole comece com o autoconhecimento e a autocompreensão.

> **"Somos dominados por tudo aquilo com que nos identificamos, e podemos dominar, controlar e utilizar tudo aquilo com que nos desidentificamos (...). Ao assumir a responsabilidade pela nossa vida e sustentar essa decisão com ações, damos o primeiro passo em direção a uma maior compreensão da natureza do ser humano."**
>
> (Roberto Assagioli)

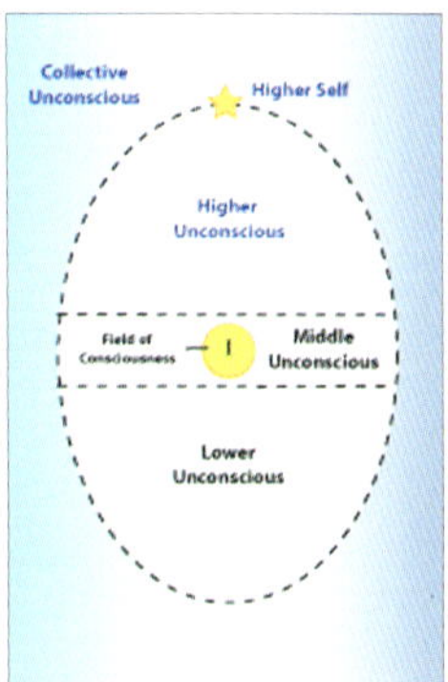

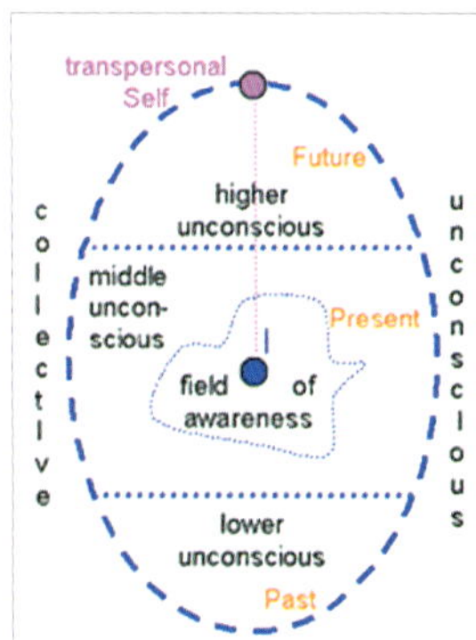

Agni Yoga: a yoga do fogo, a luz, o sol no coração

Após os trabalhos do dia, reunamo-nos para conversar acerca do coração. Ele nos conduzirá através dos domínios da Terra para o mundo sutil, a fim de nos aproximar da esfera do fogo.

(Do livro *Coração*, Agni Yoga, Ed. Fundação Avatar)

Dentro do que abordamos neste livro, sobre reeducação do coração e desenvolvimento de virtudes, não podemos deixar de falar sobre a Agni Yoga, a yoga da luz do coração. O fogo, aqui, refere-se ao fogo espiritual.

A Agni Yoga foi legada à humanidade pelo mestre El Morya, através de Helena Röerich, na primeira metade do século XX. Helena e seu marido, Nicholas Röerich, fizeram uma grande contribuição para a humanidade em sua passagem pelo planeta.

Agni significa fogo, e yoga significa união, comunhão. Agni Yoga é a união pelo fogo. É também chamada de ética viva, ensinamento da vida, ensinamento da luz, a yoga da síntese. Ela representa o coroamento de todos os ensinamentos de yoga.

A Agni Yoga tem como objetivos: educar o pensamento; preparar a consciência do ser humano para o futuro; desenvolver a ética da vida; desenvolver a beleza, a arte e a cultura; anunciar o reinado da Mãe do Mundo e a era da mulher; conscientizar as pessoas sobre as realidades sutis; disseminar a meditação e a ação para o bem.

"Ver com os olhos do coração; escutar os ruídos do mundo com os ouvidos do coração; perscrutar o futuro com a compreensão do coração; recordar as acumulações do passado através do coração; assim deve-se percorrer impetuosamente o caminho da ascensão. A criatividade abrange o potencial ardente e se satura com o sagrado fogo do coração."

(Do livro *Coração*, Agni Yoga, Ed. Fundação Avatar)

A síntese é o único e luminoso caminho do coração.

Meditações, visualizações e exercícios

A relação do chakra do coração com o elemento ar é muito representativa do seu papel em nosso equilíbrio. Se estamos ansiosos ou sofremos uma perda emocional, é comum sentirmos falta de ar, assim como fazermos o gesto de colocar as mãos no coração, em busca de alento.

O chakra cardíaco é também o responsável pela ligação entre os três chakras inferiores e os três chakras superiores – uma ponte entre os chakras mais elevados, ou espirituais, e os chakras da Terra, que nos conectam com a energia telúrica e com as emoções. Além disso, influencia as glândulas timo, tireoide e paratireoides.

Exercício para estimular a glândula timo

- Feche a mão totalmente e role as juntas (falanges próximas e médias) sobre a timo, na região central do peito, entre os mamilos e em sua direção, fazendo pressão para ativar o centro energético e a glândula. Esses movimentos ativam a timo e liberam a estagnação do coração.
- Pronuncie a vogal "a" muito lentamente, de forma aberta, com consciência. Esse som trabalha a amorosidade e faz vibrar a timo e o chakra cardíaco, transformando a estagnação que possa haver ali. Esse exercício favorece o coração, a timo, a tireoide e as paratireoides, e eleva a energia do chakra que fica acima (o quinto chakra, conhecido como chakra do verbo ou chakra laríngeo, centro de força que permite a conexão da alma com o espírito, do humano com o sagrado, dos poderes humanos com os poderes espirituais, angélicos e divinos; ele representa o comando oculto da nossa força, e está ligado à glândula tireoide).
- Fique de pé, com os pés paralelos e os joelhos levemente dobrados. A distância entre os pés deve ser a mesma dos ombros. Ponha o peso do corpo sobre os dedos, não sobre o calcanhar, e mantenha toda a musculatura bem relaxada. Feche uma das mãos e dê pancadinhas contínuas com os nós dos dedos ou com as pontas dos dedos no centro do peito, marcando o ritmo com uma pancadinha forte e duas fracas. Faça

isso durante três a cinco minutos, respirando calmamente, enquanto observa a vibração produzida em toda a região torácica. Esse exercício leva sangue e energia para a timo, aumenta sua vitalidade e beneficia os pulmões, o coração, os brônquios e a garganta.

Exercício da luz do coração: visualização do jardim interno

- Encontre um horário no dia em que você possa se aquietar e silenciar. Procure um ambiente onde você se sinta protegido e confortável.
- Deite-se ou sente-se confortavelmente.
- Faça um relaxamento através da respiração profunda, para se ancorar, concentrar-se e relaxar os músculos.
- Sinta-se como uma árvore com as raízes conectadas ao centro da Terra e a copa aberta para receber a energia do sol e do universo.
- Respire profundamente: inspire e expire num movimento circular. A cada respiração, sinta seu corpo relaxando: comece a partir dos pés e vá "escaneando" todo o corpo até a cabeça, lentamente relaxando todos os músculos, um por um.
- Então, visualize suas emoções tranquilas; imagine um lago de águas calmas refletindo a luz do sol e concentre sua atenção nesse lago. Nada mais importa nesse momento.
- Ao sentir o corpo relaxado e as emoções serenas, continue inspirando e expirando profundamente. Então, observe seus pensamentos; deixe que cada pensamento flua como as nuvens brancas no céu, sem prender sua atenção neles. Observe a sua mente serena e concentre a atenção no silêncio, no espaço entre um pensamento e outro.
- Quando se sentir o mais relaxado possível, ponha a sua atenção no centro do coração, no Anahata. Perceba a luz que brilha dentro dele: a luz do coração, seu sol interno.
- Sinta a luz do seu coração se espandindo e se irradiando por todo o corpo, por todas as suas células, nutrindo a inteligência celular.

- Observe que no seu coração, dentro de uma luz amarelo-ouro, existe um portal. Entre por esse portal para visitar o seu jardim interno.
- Visualize detalhadamente o jardim, perceba as plantas e tudo o que existe ali. Visualize seu jardim de acordo com o que você gostaria. Seja o paisagista desse jardim. Ele tem flores? Tem um lago? Um riacho? Tem árvores? Que tipo de árvores? Tem pedras, bancos, animais, alguma construção?
- Após visualizar seu jardim em detalhes, encontre um lugar para se sentar e meditar.
- Medite no seu jardim interno; fique ali o quanto for preciso. Sinta a luz do seu coração iluminando o jardim.
- Para terminar, sinta gratidão pelo jardim e irradie a luz da gratidão do seu coração para todas as pessoas que você conhece, inclusive aquelas com que você tenha alguma dificuldade de relacionamento; por fim, irradie a luz para todos os seres, humanos e não humanos.

Esse é o seu jardim interno. Você pode visitá-lo sempre que precisar de acolhimento, relaxamento, descanso, renovação e clareza. Tente visitá-lo uma vez por dia, no horário que for mais conveniente.

Exercício para ativar o chakra anandakanda lotus

- Procure um ambiente onde você se sinta protegido e confortável. Deite-se ou sente-se confortavelmente. Faça um relaxamento com respiração profunda, para se ancorar, concentrar-se e relaxar os músculos.
- Respire profundamente: inspire e expire num movimento circular. Perceba seus batimentos cardíacos. A cada pulsação, visualize o sangue fluindo pela elaborada rede de artérias e veias. Visualize cada um desses caminhos acima do coração (as artérias) como galhos de uma árvore. Visualize raízes cheias de vida que saem abaixo do coração. Acompanhe o caminho do oxigênio no sangue: subindo pelo peito, pescoço e cabeça, depois descendo para os ombros, os braços, as mãos, e vol-

tando novamente para o coração. Acompanhe novamente o sangue seguindo para o ventre, as pernas, joelhos e pés, e de volta para o coração. Cada gota de sangue que passa pelo coração retorna para ser purificada novamente através da respiração, limpando todas as artérias de qualquer impureza e levando a elas ar e vida.

- O coração é, essencialmente, uma árvore santificada. Seus galhos são fios da teia da vida que se estende por todo o corpo, e deste para o mundo. O tronco da árvore é o núcleo, o ser, o eu vital. A partir desse núcleo irrompem as raízes da árvore, os galhos e suas folhas, manifestando os desejos do coração.
- Na frente dessa árvore encontra-se um altar precioso. Pode-se fazer uma oferenda nesse altar – algo que você deseja mudar, como um mau hábito, ou algo que se deseja adquirir, como serenidade, foco, disciplina, desapego ou lealdade. Pode-se fazer essa oferta como uma troca pelo próprio desejo.
- Em seguida, respire para dentro do coração e sinta os profundos anseios de sua alma; escute o que ela precisa. Permita-se ouvir os sentimentos e respirar dentro deles. Sinta os sentimentos, não as emoções. Podemos senti-los através de todo o corpo, pulsando para fora, retornando e pulsando para fora novamente. É preciso permitir que esses anseios preencham os ramos da árvore.
- Quando a árvore ficar repleta dos anseios mais profundos do coração, visualize um lindo pássaro voando para o centro dela. O pássaro pousa na árvore e inclina a cabeça para um lado e para o outro, escutando profundamente os seus desejos. Perceba um momento de união espiritual com o pássaro que vive dentro do seu coração. Permita que o coração (não a mente) fale sobre seus anseios ao pássaro. Quando sentir que esse processo está completo, despeça-se do pássaro e libere-o para que ele voe para longe. Ele deve ser livre para executar o seu trabalho. O pássaro voará e você se esquecerá dele. Esse pássaro vai levar os anseios da sua alma para os poderes da realização, para que possam ser satisfeitos da melhor maneira possível em seu benefício, em benefício de todas as pessoas e do planeta.

Meditação e visualização para a cura

Quando falamos em cura, não estamos apenas nos referindo à cura do corpo físico, mas também dos corpos mental e emocional, e ainda à cura da alma.

Vou apresentar aqui um exercício meditativo criado por mim, que utiliza a visualização com ferramentas de algumas técnicas que abordamos anteriormente, como Ho'ponopono, jardim interno e cura quântica, e ainda a cromoterapia (terapia por meio das cores).

- Encontre um horário no dia em que você possa se aquietar e silenciar, de preferência logo ao acordar, num ambiente onde você se sinta protegido e confortável. Se puder fazer este exercício na natureza, ao nascer do sol, ele se tornará ainda mais poderoso.
- Deite-se ou sente-se confortavelmente.
- Faça um relaxamento: respire profundamente, inspire e expire num movimento circular. Tente escutar seus batimentos cardíacos. A cada pulsação do coração, visualize o sangue fluindo pela elaborada rede de artérias e veias, e sinta o corpo relaxando, as emoções se acalmando e a mente silenciando, gerando bem-estar.
- Em seguida, procure se conectar ao centro da Terra através do seu chakra básico, com raízes que penetram a terra e trazem até você a energia vital do planeta (independentemente de você estar num apartamento, numa casa ou ao ar livre).
- Agora visualize seu chakra coronário (no topo da cabeça) aberto, recebendo a luz do abundante campo magnético do universo. Visualize essa luz descendo do topo da sua cabeça e permeando todos os seus chakras de cima para baixo, até o chakra básico, onde você está enraizado no centro da Terra.
- Mantenha a atenção na respiração e ponha as mãos em posição de prece (namastê), na altura do chakra cardíaco. Agradeça pelo momento presente. Esfregue as mãos nessa posição, sentindo que elas se aquecem e se energizam. Afaste-as uma da outra cerca de quinze

centímetros; sinta a pulsação entre as palmas das mãos. Mantendo a distância de quinze centímetros, eleve as mãos até o chakra coronário e vá descendo vagarosamente, passando gradualmente, por todos os chakras por pelo menos trinta segundos, sempre à mesma distância. Visualize a luz da palma das mãos se irradiando para todos os chakras, limpando-os e energizando-os. Sinta essa luz em todo o seu corpo, curando tudo o que precisa ser curado, limpado profundamente seu corpo físico e etérico.

- Continue respirando profundamente. Coloque a atenção no chakra cardíaco; visualize a luz que se irradia desse centro.
- Toque na altura da glândula timo, que se localiza na região do externo. Faça batidas rápidas com as pontas dos dedos, enquanto afirma: "Meu sistema imunológico está se fortalecendo." Sinta em seu coração que o seu sistema imunológico se fortalece e defende todas as células do corpo contra agentes negativos. Respire profundamente e agradeça à sua glândula timo.
- Agora coloque suas mãos no chakra cardíaco e peça permissão para entrar no seu segundo chakra cardíaco, o anandakanda lotus.
- A partir desse chakra, entre no seu jardim secreto. Caminhe até o lago onde está a Árvore da Vida. Na frente dessa árvore há um altar. Faça ali uma oferenda, algo que deseje mudar na sua personalidade, uma crença limitante do seu subconsciente ou algo que deseja adquirir, como serenidade, foco, disciplina, desapego, saúde, prosperidade.
- Visualize um lindo pássaro pousando no centro da árvore e acolhendo seus desejos. Em seguida, veja o pássaro voando e levando seus desejos para o campo magnético universal. Agradeça por já estar recebendo essa graça.
- Em seguida, caminhe para o local mais alto do seu jardim e observe o nascer do sol. Sinta os raios do sol penetrando seu coração e iluminando todo o seu ser.
- Agora visualize a "pilastra da paz do eu"; ela desce do céu sobre o seu corpo e o envolvendo com uma chama de luz violeta, que limpa e pu-

rifica todos os seus corpos. Invoque o mestre San Germain e peça para que ele limpe todas as cargas energéticas negativas, desde seus ancestrais até a sua família atual, a sua vida. Nesse momento, repita três vezes as frases do Ho'ponopono: sinto muito, me perdoe, eu te amo, eu sou grato. Repita: eu sou luz e amor.

- Em seguida, visualize uma luz verde que desce até você pela pilastra e penetra todo o seu corpo físico. Invoque San Rafael, o mestre Hilarion e o seu anjo da guarda; peça a cura do seu corpo físico. Visualize a luz verde penetrando o seu corpo pelo chakra coronário e gradualmente curando, a partir do cérebro, todos os sistemas do corpo: endócrino, imunológico, circulatório, digestivo, reprodutivo. Visualize todos os seus órgãos se fortalecendo e se curando com a luz verde.
- Ao finalizar a cura com a luz verde, visualize a luz laranja da vitalidade; ela desce pela pilastra, envolve e fortalece seu corpo etérico.
- Então, respire e visualize uma luz dourada descendo pela pilastra e penetrando o seu corpo no nível celular. Ela ilumina todas as células de todos os sistemas do organismo e fortalece a inteligência celular do organismo. Agradeça o trabalho maravilhoso que elas fazem todos os dias, ao manter seu corpo vivo e saudável.
- Finalmente, visualize uma luz branca descendo pela pilastra e envolvendo o seu ser com o mais profundo silêncio. Agradeça pela cura recebida. Permaneça em silêncio pelo tempo que for preciso.
- Quando sentir que é hora, inspire profundamente e expire vagarosamente. Devagar, abra os olhos. Eleve as mãos em prece, na altura do coração, e agradeça mais uma vez.

Cura espontânea

A cura espontânea é baseada na sabedoria inata que trazemos da nossa herança cósmica. Ela depende da nossa conexão profunda com a centelha divina que habita cada um de nós. Quanto mais nos conectamos com nossa essência, nosso eu maior, nossa alma, mais podemos nos beneficiar da inteligência celular, diretamente conectada ao campo magnético universal da abundância de saúde, de amor de prosperidade.

Nosso eu maior é o curandeiro que podemos acessar no mundo interno por meio do silêncio profundo e da prática da presença, que emana da luz do chakra cardíaco. A luz do coração é a fonte do milagre que pode transformar o pó em ouro, o nada em tudo, o tudo em nada. É o centro que nos conecta com a energia vital do centro da Terra e com a energia transcendente do imenso universo cósmico à nossa volta.

Aceito, confio, entrego e agradeço

Oh poder universal, onde vivemos,
onde nos movemos e temos o nosso ser.
Oh poder renovador de todas as coisas,
traga a nós a abundância de visão e insight,
de saúde e vitalidade, de alegria e sabedoria,
de colaboradores eficientes e de todos os recursos
para que correspondamos às necessidades do
planeta e da humanidade, no momento presente.
Que possamos exercitar a conexão com
a nossa presença interna, para alcançar a
nossa cura e ajudar na cura da humanidade.

Autocura

É importante saber que, graças às novas pesquisas científicas, realizadas final do século XX, alguns neurocientistas desafiaram o paradigma de imutabilidade do cérebro, que esteve em vigor por muito tempo. Eles declararam que os neurônios têm um impressionante poder de neuroplasticidade, e que seus circuitos podem ser alterados a cada dia.

Essas descobertas levaram à compreensão científica do que afirmavam, há séculos, as filosofias espirituais: nossos pensamentos, afirmações e ações podem, literalmente, expandir ou contrair diferentes regiões do cérebro; mudar nosso DNA; mudar nossa forma de interagir com o mundo; modificar o mundo físico; e curar desequilíbrios físicos, emocionais e mentais.

O livro *Super cérebro* (uma colaboração entre o médico endocrinologista e líder espiritual Deepak Chopra e o neurocientista e pesquisador de genética Rudolph Tanzi, da Universidade de Harvard) discorre sobre a plasticidade do cérebro, em contraponto à antiga crença de que o cérebro atinge seu ponto máximo de desenvolvimento na idade adulta. Essa crença tem sido desmistificada por pesquisas científicas recentes, como explicam Chopra e Tanzi:

1. Os danos ao cérebro são reversíveis. O cérebro tem um poder de cura surpreendente.
2. A interação entre a estrutura física e a programação do cérebro é constante, e nossa capacidade de criar novos circuitos cerebrais permanece intacta do nascimento até a morte.
3. O cérebro pode se manter jovem e preservar a acuidade mental, pois suas células se renovam a cada dia e essa renovação pode ser estimulada por exercícios de memória e meditação, entre outros.
4. O cérebro contém células-tronco que são capazes de desenvolver novas células cerebrais ao longo da vida.

5. As memórias genéticas que herdamos dos antepassados são armazenadas no cérebro reptiliano (irracional), e continuam gerando impulsos primitivos que nos causam mal, como o medo e a raiva. Mas, como o cérebro evolui constantemente, podemos dominar esses instintos através da liberdade de escolha, para promover reações positivas e felicidade, como nos mostra a psicologia positiva, um novo campo da ciência.

Assim, a minha cura, a sua cura, a cura da humanidade está em nossa intenção de mudar o nosso cérebro, em conexão com a luz do coração.

Conclusão

O que podemos fazer com todas essas informações sobre o coração e sua conexão com o cérebro e a mente? Como isso pode ajudar a desenvolver seres humanos mais equilibrados, que convivam pacificamente, respeitem a natureza e tenham sabedoria para compreender que não precisam de toda a parafernália produzida pelo mundo moderno, que acaba em lixões por toda parte? Como educar as pessoas para que não produzam mais tanto lixo? Como educar seres humanos que administrem as cidades e os países de forma inteligente, honesta e sábia? Como criar pessoas com senso crítico, para que não sustentem mais um sistema capitalista de exploração de vidas e as tantas formas de administração sem escrúpulos?

A resposta para todas essas perguntas está na expressão "revolução educacional". Se já temos provas de que o formato da educação atual, na grande maioria das instituições educacionais do mundo, falha em desenvolver seres humanos equilibrados, como podemos pensar em mudar governos e sistemas financeiros, preservar o meio ambiente e ter um mundo pacífico?

É preciso aprender, desde tenra idade, a silenciar a mente e ouvir o coração. É preciso desenvolver o cortex pré-frontal com o treinamento das virtudes – mais importante que o desenvolvimento cognitivo baseado num treinamento de memória e em fatos irrelevantes para a realidade das crianças.

É preciso desenvolver a cidadania planetária, a consciência de que a vida é um processo evolutivo e de que estamos aqui não para enriquecer materialmente, mas para, através da matéria, expandir a luz do coração, as qualidades inatas do coração – amor, alegria, confiança, compreensão, compaixão, paciência, respeito, tolerância, responsabilidade –, qualidades que expandem a centelha divina capaz de nos levar a outras esferas evolutivas.

Para que possamos realmente empreender a tão sonhada mudança como indivíduos e como humanidade, é imprescindível desenvolver as qualidades inatas do coração.

O ser humano está caminhando em seu aprendizado da matéria densa para a luz. É preciso paz e ciência (paciência), além de perseverança para que as mudanças necessárias ocorram nessa nova fase da evolução do planeta – sem perder de vista que estamos aqui com uma missão. Creio que a minha é contribuir para a expansão da luz do coração por meio de uma nova educação: surya vidya, aprendendo com o coração. Por isso agradeço à luz que me permeia, às experiências de vida que me foram legadas, às oportunidades que tive nos contatos com todas as pessoas que cruzaram o meu caminho, a você, que está aqui nesta conversa íntima comigo, e a tudo que virá no futuro, sempre abundante de experiências.

Este livro é o volume 1 desse trabalho. No próximo volume dessa nossa conversa, abordaremos de forma mais profunda como caminhar para um sistema educacional mais humano, mais transpessoal e consciente, e conheceremos projetos educacionais que já trabalham para a expansão da luz do coração e por um mundo mais equilibrado.

Como escreveu Helena Blavatsky, "a matéria é espírito na sua mais inicial fase de atividade cíclica, e o espírito é a matéria no seu sétimo plano (ou o mais elevado)".

Tudo é uma expressão da consciência espiritual, que espiritualiza todas as formas. Uma larva que elabora sua vida na matéria em decomposição é tão espiritual quanto o sorriso de Buda. Tudo é divindade manifestada, tudo é expressão divina.

Invocação de luz e amor

Que a luz que emana do centro do universo
ilumine todas as mentes humanas
e todos os outros seres do planeta.

Que o amor que emana do centro do universo
se expresse através de todos os corações
e que esse amor preserve a vida na Terra.

Que a vontade que permeia o universo
guie as pequenas vontades humanas
para o propósito da vida mais abrangente,
o propósito a que os mestres servem.

Do centro que chamamos de raça humana,
que o plano de amor e luz se estabeleça
e que todas as limitações sejam transcendidas.

Que a luz, o amor e o poder universal
estabeleçam o equilíbrio na Terra.

(Baseado na Grande Invocação)

Sociedade Teosófica: não há religião superior à verdade

Para quem não conhece o trabalho da Sociedade Teosófica, nem o que é a Teosofia, compartilho aqui um breve texto introdutório. Caso haja interesse em se aprofundar mais, é possível encontrar muitas informações no site www.sociedadeteosofica.org.br

A Sociedade Teosófica é uma organização internacional com sedes e filiais (lojas) em vários países e cidades. Devotada a divulgar os ensinamentos da Teosofia, foi fundada em Nova Iorque, em 1875, por Helena Blavatsky, William Quan Judge e Henry Steel Olcott. O trabalho principal de Blavatsky, *A Doutrina Secreta* (1888), é uma das obras fundamentais da Teosofia moderna.

Os objetivos da Sociedade Teosófica são:

1. Formar um núcleo da Fraternidade Universal da Humanidade, sem distinção de raça, credo, sexo, casta ou cor;
2. Encorajar o estudo de Religião comparada, Filosofia e Ciência;
3. Investigar as leis não explicadas da Natureza e os poderes latentes no homem.

A Sociedade não impõe nenhuma crença sobre seus membros, que se unem espontaneamente pelo objetivo comum de buscar a verdade e o desejo de aprender o significado e o propósito da existência, dedicando-se ao estudo, à reflexão, à pureza de vida e ao serviço voluntário. Não há prerrequisitos nem limitações para qualquer pessoa se associar; porém, o candidato deve declarar que se identifica com pelo menos um dos objetivos da Sociedade. Ela enfatiza a liberdade de pensamento, de pesquisa e de debate.

O que é Teosofia

A origem etimológica do termo Teosofia vem do grego clássico *θεοσοφία*, que combina *Teo* (Deus) e *Sophia* (sabedoria), significando, portanto, "sabedoria divina".

A Teosofia aborda um conjunto de doutrinas filosóficas, esotéricas e ocultas que buscam o conhecimento dos mistérios da vida terrestre (do ser humano e da natureza), das divindades, da origem e do propósito do universo. Propõe que todas as religiões surgiram a partir de ensinamentos de um tronco comum, que foram se recombinando e se permutando, em diversas mutações, ao longo de encarnações, e que alguns ensinamentos acabaram se distanciando da doutrina original. A Teosofia tem como base os ensinamentos de doutrinas orientais como Budismo, Hinduísmo e Kabballah, entre outras, que foram traduzidas e disseminadas no Ocidente por meio dos trabalhos da Sociedade Teosófica. Ela ensina que o conhecimento oculto oferece um caminho para a iluminação e a salvação – em outras palavras, para a evolução espiritual do ser humano.

Quem foi Helena Blavatsky

Helena Blavatsky nasceu na Rússia, à meia noite de 30 para 31 de julho de 1831, em uma família aristocrata, e recebeu uma educação bastante clássica e sofisticada. Aprendeu várias línguas, piano e literatura. Sua mãe, Elena Andreyevna Fadeyeva, era uma conhecida escritora de romances sob o pseudônimo de Zeneida.

Blavatsky foi um ícone de mulher independente, muito além do seu tempo. Tinha um caráter forte, personalidade complexa, dinâmica, excêntrica, com dons psíquicos incomuns. Foi uma criança obstinada, rebelde e imaginativa. Sonhava em voz alta e reunia amigos para contar-lhes as visões que tinha e as histórias em que ela se apresentava como uma heroína e autora de estranhas façanhas. Dizia poder falar com os animais e seres inanimados e possuir um grupo de amigos invisíveis.

Foi uma investigadora do que está por detrás da realidade física que vivemos. Aos 17 anos fugiu do marido, um casamento que nunca se consumou, e seguiu em busca de conhecimento científico, metafísico, filosófico, espiritual e esotérico no Oriente e no Ocidente.

Em suas viagens teve experiências fantásticas, em contato com vários Mestres de Sabedoria ou *Mahatmas*, entre eles o Mestre Morya e o

Mestre Kut Humi. Deles recebeu treinamento especial para desenvolver seus poderes paranormais de forma controlada e consciente, a fim de que pudesse ser um canal para receber dos níveis superiores ensinamentos que abririam um portal para o desenvolvimento de uma humanidade mais evoluída nos séculos seguintes.

Em 1868 participou da libertação italiana do domínio Habsburgo, e foi ferida no início da Batalha de Mentana, enquanto dava apoio às tropas de Garibaldi.

Numa dessas viagens feriu a perna, que gangrenou e, de acordo com os médicos, precisava ser amputada por risco de morte. Mas, por meios de seus "poderes ocultos" , curou a si mesma em uma única noite.

Blavatsky tinha poderes para a autocura e um coração desperto, conectado com sua mente ávida e instintos aguçados.

Helena Blavatsky foi uma escritora prolífica, autora dos livros *A Doutrina Secreta, A Voz do Silêncio, Fundamentos da Filosofia Esotérica, Ísis sem Véu, A Chave para a Teosofia* e vários outros, como também de muitos artigos. Era uma pessoa de mente aberta, que não exigia dos seus associados mais próximos ou dos membros da Sociedade Teosófica uma crença em sua doutrina. A única coisa que proibia a todos era o dogmatismo, em todos os campos do saber. Blavatsky é considerada por muitos uma mulher que mudou a história.

Leitura recomendada

Momentos de Sabedoria. Helena Petrovna Blavatsky, EditoraTeosófica, 2013.

Aspectos Espirituais das Artes de Curar. Dora van Gelder, Editora Teosófica, 1995.

Dhyana: a arte do silêncio. Jeanne Marie White, Ed. Totalidade, 2000.

A Doutrina do Coração. Annie Besant, Editora Teosófica, 2012, 2ª edição.

A Ciência da Meditação. Rohit Mehta, Editora Teosófica, 2009.

Vivências em Meditação. Jeanne Marie White, Ed. Totalidade, 2002.

Os Chakras. C. W. Leadbeater, Editora Teosófica, 2020.

Coração, Agni Yoga. Editora Fundação Avatar, 1932.

A Beleza da Montanha. Friedrich Gohe, Editora Teosófica, 2021.

O Poder do Subconsciente. Joseph Murphy, Editora Best Seller, 2019.

A Biologia da Crença. Bryce H. Lipton, Butterfly Editora, 2007.

The Wisdom Code: ancient words to rewire our brain and heal our hearts. Gregg Braden, Hay House, 2020.

Cura Esotérica, Tomo I. Alice Bailey, Editora Pensamento, 2009.

Memória das Células. Paul Pearsall, Editora Mercuryo, 1999.

The Biology of Transcendence. John Pearce, Park Street Press, 2004.

O Estilo Emocional do Cérebro: como o funcionamento do cérebro afeta a maneira de pensar, sentir e viver. Richard Davidson e Sharon Begley, Editora Sextante, 2013.

O Cérebro e a Inteligência Emocional: novas perspectivas. Daniel Goleman, Editora Objetiva, 2012.

O Ser Quântico: a visão revolucionária da natureza humana e da consciência baseada na nova física. Danah Zohar, Editora Best Seller, 2000.

A Linguagem do Corpo. Crustina Cairo, Editora Cairo, 2018.

Supercérebro: como expandir o poder transformador de sua mente. Deepak Chopra e Rudolph E. Tanzi, Editora Alaúde, 2013.

Você é o Universo: crie sua realidade quântica e transforme sua vida. Deepak Chopra e Menos Kafatos, Editora Alaúde, 2017.

Quebrando o Hábito de Ser Você Mesmo: como reconstruir sua mente e criar um novo eu. Joe Dispensa, Editora Citadel, 2018.

Você é o Placebo: o poder de curar a si mesmo. Joe Dispensa, Editora Citadel, 2020.

Você pode curar sua Vida. Louise L. Hay, Editora Best Bolso, 2012.

Você pode curar seu Coração. Louise l. Hay e David Kessler, Editora Best Seller 2016.

A Coragem de ser Imperfeito: como aceitar a própria vulnerabilidade, vencer a vergonha e ousar ser quem voce é. Brené Brown, Editora Sextante, 2016.

Sites:

www.heartmath.org – Instituto HeartMath, Califórnia, EUA
www.heartmath.com/science/ – Instituto HeartMath, Califórnia, EUA
meditationmount.org – Ojai, Califórnia, EUA
www.sociedadeteosofica.org.br